Vorwort

Nach mehr als 20 Jahren Reisetätigkeit in die Wallonie und die Ardennen liegt nun auf der Basis dieser Erfahrungen das umfangreichste Ardennenbuch aus meinen Arbeiten vor. Das oft noch so unbekannte, unkonventionelle Land steckt voller Geheimnisse, Schönheit, Natur und Kuriositäten, ist voller Überraschungen, von denen ich immer wieder neue entdecke. Daran soll der interessierte Leser und Reisende durch dieses Buch teilhaben. Es ist eine überarbeitete und erweiterte Neuauflage. Und es gibt auch viel Neues wie z.B. Museen berühmter Belgier wie das Hergé-Museum (Tim und Struppi) in Wallonisch-Brabant nahe Brüssel, Kulturzentren mit wunderschöner Architektur wie das Malmundarium in Malmedy oder die modernen und restaurieren Prachtbauten in Lüttich, das eine Renaissance erlebt und für mich die kommende Stadt in der Euregio-Maas-Rhein der nächsten Jahrzehnte ist. Ihr sind viele Seiten in einem Special in diesem Reiseführer gewidmet. Nicht zuletzt halten die Ardennen und die Wallonie auch stets die Fahne der belgischen Küchenkunst hoch. Und das bis ins kleinste Bistrot. Denn gut essen und genießen kann man in den Ardennen nicht nur in Spitzenrestaurants. In Zeiten von Slow Food und Bio sind gerade die kleinen, handwerklichen Manufakturen und Betriebe, die traditionelle, lokale und regionale Produkte in erstklassiger Qualität herstellen und auf den Tisch bringen, gefragt. In Belgien gibt es davon noch einige. Und dementsprechend angenehm lässt sich die Kunst des Genießens bei einer Tour in dessen Landschaften und Städten erleben. Probieren Sie es aus und werden Sie ein Fan dieser liebenswerten Regionen.

Rolf Minderjahn

Rolf Minderjahn

Ardennen

Extra Plus:
Special Inside Lüttich

2011

Danke!
Ganz besonders bedanken möchte ich mich bei den Kolleginnen und Kollegen von Belgien Tourismus Wallonie-Brüssel für die wunderbare Unterstützung mit Informationen und bei der Recherche vor Ort. Darüberhinaus gilt großer Dank meinem Vater Karl-Heinz Minderjahn für die Korrektur- und Recherchearbeiten während der Erstellung des Buches und meiner Lebensgefährtin Karin Hunds für die Geduld und so manche Reise nach Belgien.

Impressum

 Trotz sorgfältiger und gewissenhafter Recherche kann für die Korrektheit und Aktualität der Angaben und Informationen nach Herausgabe des Buches keine Haftung übernommen werden.

Umschlaggestaltung:
Mechthild Kaussen

Text und Konzept:
Text- und Pressebüro Rolf Minderjahn, Auf dem Königreich 12, 52224 Stolberg; www.textundpressebuero.com

Herstellung und Verlag:
Books on Demand GmbH, Gutenbergring 53, D – 22848 Norderstedt

Bildnachweis:
Bilder vom Autor und mit freundlicher Genehmigung der Verkehrsämter der Provinzen und des Office de Promotion du Tourisme Wallonie-Bruxelles (OPT/WBT) mit den jeweiligen Copyrights.

Überarbeitete und erweiterte Neuauflage

ISBN 9 783833 481918

Inhaltsverzeichnis:

EINLEITUNG

Die Ardennen – Reisen mit Genuss

Im Land der wallonischen Bonvivants, direkt vor unserer Haustüre, lässt sich prima verweilen. Man kann vieles erleben und grandios genießen, in der puren Natur, in großartigen Städten, in schmucken Dörfern, auf mystischen Burgen, in Schlössern und Abteien, in prächtigen Gärten und Parks, an romantischen Flussufern, Kanälen und in den unwiderstehlichen Landschaften der Ardennen.

Die bunten Nussschalen gleiten über das sprudelnde Wasser, die Sonne blinzelt durch das Grün der Baumkronen, hoch über den Köpfen der Kajakfahrer taucht auf den Rand der Steilwand eines Felsplateaus gesetzt ein mächtiges Schloss auf. Ob der Burgherr wohl aus einem der vielen Fenster auf die Lesse zu den Freizeitpaddlern herabschaut? Es duftet nach Wald und Wasser, frische Luft umweht die Nase, die Stille zieht einen in ihren Bann. Keine Fantasie, sondern Abenteuerspaß und Erholung pur. So etwas Gutes liegt ganz nah, in der Wallonie, in den Ardennen im französischsprachigen Südbelgien. Man wird in Landschaften von besonderer natürlicher Ausstrahlung entführt, mit Hochebenen und riesigen Wäldern, gesegnet mit beschaulichen wie majestätischen Tälern, Naturwundern wie dem Hohen Venn, Flüssen, Bächen und Seen, Felsformationen, Wiesenland und Obstgärten. Öko-Tourismus im Sinne der Nachhaltigkeit findet hier ideale Voraussetzungen. Doch die Wallonie hat weit mehr zu bieten als die Ardennen. Lüttich, die Maasmetropole der gleichnamigen Provinz, ist Museums- und Flanierstadt, die in neuer Blüte entsteht. In Spa, der Wasserperle, fährt man mit der Kabinenbahn zur Sauna hinauf in die moderne Therme oder wandert durch die famosen Buchenwälder zu einer der 300 Quellen. Etwas weiter ins Land hinein kommt man in die Provinz Namur. In der Stadt Namur geht es beschaulich zu. Im Schatten der riesigen Festung frönt man der gemächlichen Lebensart in den Gassen und auf den Plätzen bei unverfälschter Terroir-Küche und Ausblicken auf Maas und Sambre. In Richtung Dinant, ein Must See-Panorama der Maas, erlebt man den Fluss von seiner spektakulärsten Schokoladenseite. Vor Brüssel erstreckt sich Wallonisch Brabant, berühmt durch die Schlacht von Waterloo, beliebt für seine Schlösser und

Museen wie das von Tim und Struppi in Louvain-La-Neuve. An die französische Grenze im Westen stößt der Hennegau, dennoch nur gut zwei Autostunden entfernt. Dessen traditionsreiche Bräuche, Belfriede und Schiffshebewerke zählen zum Unesco-Weltkulturerbe. In der südlichen Provinz Luxemburg, dem Land der Hochardennen, kommen Wanderer und Ausflügler auf ihre Kosten. La-Roche-en-Ardenne und Durbuy sind echte Juwels und liegen inmitten einer prächtigen Natur.

Savoir-Vivre von Natur aus

Frankophile schmelzen förmlich dahin beim Gedanken an wallonische Genussfreuden. Oft sind es gerade die Kleinigkeiten, die dieser Lebensart Ausdruck verleihen. Zum Klosterbier im bauchigen Glas, das auf kaum einem Terrassentisch fehlt, gibt es würzige Käsewürfel, zu Kaffee und Kakao Kekse oder Schokolade. Nahezu Pflicht: Ein gepflegtes Trappistenbier aus den Abteien von Chimay, Rochefort oder Orval. Was aus den wallonischen Backstuben kommt, lässt Kalorienbewusste alle Sünden vergessen. Pâtisserien und Pralinen von Weltruf, Käse- und Mangoldkuchen, Zuckertarte, Reisfladen, Lebkuchen....Dann die herzhaftere Seite um Herver Käse mit Birnen- und Apfelkraut, Ziegenkäse mit Honig und als Krönung der Ardenner Räucherschinken und seine Mitstreiter die „Salaisons“, die Räucher- und Wurstwaren. Sie scheinen für ein Picknick in der Natur oder eine Wanderrast erfunden worden zu sein. Auf den Tischen der gemütlichen Tavernen duften Fleischklöße in köstlicher Sultaninensoße mit deftigen Eintöpfen, Kaninchen in Bier und Chicoréegratin um die Wette. Selbst auf den Schiefertafeln der einfachen Bistrots landauf, landab stehen Feinschmeckereien. Ob Schnecken und Entenfleisch aus Namur oder Gänseconfit aus Visé, beste lokale Produkte aus heimischen Regionen sind das I-Tüpfelchen. Die hier entstandene Wildküche gilt als eine der ältesten kulinarischen Traditionen in Europa. Ob man als Gast das Turmzimmer eines Schlosses bezieht, in einem gediegenen Landgut komfortabel gebettet ist oder sich in einem heimeligen „Bed & Breakfast“ pudelwohl fühlt, die Übernachtungsmöglichkeiten sind ebenso originell wie vielseitig.

! *Tipp*

Unterkünfte:
Ebenso authentisch wie umweltfreundlich sind die sogenannten „Gîtes" (Ferienwohnungen/-häuser, von einfach bis sehr komfortabel), die oft in prächtiger Naturumgebung liegen, und den ganzen Charme der Ardennen versprühen. Liebevoll in ein restauriertes Bauernhaus aus typischem Stein der Region integriert überrascht die erste mit dem Label „éco-gîte" ausgezeichnete Ferienunterkunft – **Art'isane** (www.arttisane.be) bei Dinant – mit einer harmonischen Verbindung von Komfort und Ursprünglichkeit. Auf der Basis ökologischer Materialien vom Bambusparkett aus Belgien über die Tapeten bis zu Leinenbettwäsche wurde hier ein sehr ansprechendes Ambiente geschaffen. Selbstverständlich ist der Energieverbrauch, angefangen bei der Lage zur Sonnenseite, auf Nachhaltigkeit ausgerichtet.

Nützliche (Web-) Adressen:

Camping: www.campingbelgique.be (auch in deutscher Sprache)

Hotels: www.logis.be (Tradition, Gastlichkeit, Qualität und eine persönliche, familiäre Atmosphäre zeichnen diese Häuser aus).

Ferienhäuser und Gästezimmer:
www.gitesdewallonie.be (auch in deutscher Sprache). http://de.ardennes-etape.com (mehr als 500 Ferienhäuser und Villen in den Ardennen).

Bistrots de Terroir
Ein neues Gütesiegel für Cafés und Gaststätten. Regionale Produkte, zweisprachiges Personal, Touristische Infos; www.bistrotdeterroir.be

Informationen zu Hotels und B & B's, Neuheiten und aktuelle Tipps sind erhältlich bei: Belgien Tourismus Wallonie-Bruxelles; Cäcilienstr. 46; D-50667 Köln; Tel.: 0221 277 59 - 0; **www.belgien-tourismus.de**

NORDSEE
NIEDERLANDE
DEUTSCHLAND
FRANKREICH
BELGIEN
BRÜSSEL
ANTWERPEN
GENT
BRÜGGE
LILLE
AACHEN
TOURNAI
MONS
CHARLEROI
NAMUR
LÜTTICH
ARLON
Hennegau
Wallonisch Brabant
Namur
Lüttich
Luxemburg
Soignies
Nivelles
Waterloo
Genval
Limelette
Wavre
Louvain-la-Neuve
Gembloux
Binche
Thuin
Walcourt
Rance
Chimay
Philippeville
Mariembourg
Cul-des-Sarts
Profondeville
Freyr
Dinant
Gesves
Spontin
Celles
Andenne
Huy
Durbuy
Rochefort
Beauraing
Han-sur-Lesse
Bohan
Bouillon
St Hubert
Marche-en-Famenne
La Roche-en-Ardenne
Erezée
Houffalize
Bastogne
Hachiville
Lierneux
Vielsam
St. Vith
Burg Reuland
Stavelot
Malmédy
Bütgenbach
Spa
Theux
Verviers
Eupen
Limbourg
Henri-Chapelle
Aubel
Visé
Tongeren
Chaudfontaine
Maas
Canal Albert
Canal Leopold
Escaut
Yser
Lys
Dyle
Meuse
E40
E17
E19
E313
E314
E411
E42
A13
A17
N10
N9
N49
N34
100km
40km

PROVINZ LÜTTICH

Eine Region im Zeichen von Natur, Kultur und Lebensart

Route 1
Wilde Wasser, Safari und Wandertouren
Auf Abenteuersuche im Ameltal

Route 2
Land der Täler und Talsperren
Lieblingsplätze rund um die ostbelgischen Seen

Route 3
Durch die Wälder zu den Quellen der Wellness
Spa wie „Spa"ziergänge

Route 4
Das Herver Land bis vor die Tore Lüttichs
Eine kulturreiche und landschaftlich reizvolle Reise nach Lüttich

Special Inside Lüttich

Route 5
Huy und der naturbelassene Haspengau
Idyllen, gespickt mit architektonischem Erbe

Weitere Ausflugsziele und Sehenswürdigkeiten

Die Provinz Lüttich
Eine Region im Zeichen von Natur, Kultur und Lebensart

Sie steckt voller Geheimtipps, Geschichte und Genussfreuden. Nicht nur die Metropole Lüttich, sondern auch das Land, die Natur wie der bezaubernd grüne Haspengau oder die königlichen Buchenwälder rund um Spa und das Hohe Venn breiten ihre schönen Seiten vor dem Besucher aus. Hier fährt man mit dem Boot über einen unterirdischen See und beobachtet wilde Tiere im Safari-Park. Neugierige erforschen die Welt der Fledermäuse in den Höhlen von Comblain. Outdoorfans und Abenteurer toben sich in den Freizeitparks von Coo aus. Wasserfälle, Felsen, Wildbäche, Täler und Seen charakterisieren das Land um die Flüsse Maas, Amel, Ourthe und Weser in einer Explosion an Farben und Facetten. Naturparks schützen die wertvolle Fauna und Flora.

Ursprüngliche Landschaften wie das Herver Plateau mit beneidenswerter Seele lassen den Besucher das einfache Glück entdecken, in Blumendörfern, Mühlen, Abteien, in der freien Natur. Was früher industrieller Reichtum durch Feuer und Schweiß an den Hochöfen war, sind heute Trends wie Wellness und sanfter Tourismus. Nicht zu vergessen die glorreiche Geschichte am Schnittpunkt von germanischer und romanischer Kultur. Die legendären Fürstbischöfe begründeten eine große Blütezeit, deren Spuren in architektonischen Meisterwerken, Museen und Schlössern wie Modave und Jehay lebendig geblieben sind.

Authentischer Charme und die Kunst des Könnens

Die Provinz und die Stadt Lüttich haben sich beide ihren authentischen Charme bewahrt. Ein historisches Herz, das vor Museen, Plätzen und restaurierten Gebäuden nur so strotzt, ist die Kulisse eines Ambientes der schwelgerischen Lebensart.

Die kleinen und großen Genüsse des täglichen Lebens in den Bistrots, Restaurants und auf den Terrassen mit Blick auf ausladende Fassaden, das ist ganz nach dem Geschmack der Lütticher. Auf den Tisch kommt Gutes aus der Hand von Könnern. Schinken, Pasteten, Fleisch und Käse von heimischen Bauernhöfen, Bier aus Abteien, Pâtisserien der Maîtres Chocolatiers und sogar Wein von den Hängen um Huy.

ROUTE 1

Wilde Wasser, Safari und Wandertouren

Auf Abenteuersuche im Ameltal

Ganz nah an der deutschen Grenze liegt das Ameltal. Eine teils abenteuerliche Region, die sich durch viele reizvolle Freizeitangebote (vor allem auch für Familien mit Kindern) und ihre außergewöhnlichen Naturformationen auszeichnet. Ardennen pur – wie sie nicht nur Wanderer und Naturliebhaber schätzen. Das Nadelöhr in die Ardennen ist die Autobahn E 40 Aachen-Lüttich. Wir verlassen die Bahn bei der Abfahrt St. Vith, Trèves (Trier), Verviers und wechseln in diese Richtung auf die E 42. Durch Verviers über die Autobahn fahren wir bis zur Ausfahrt Theux. Von der Autobahnabfahrt halten wir uns rechts und fahren die steile Landstraße hinunter nach **Theux.** Theux ist einer jener bezaubernden Ardennenorte, die den süchtig machenden Charme des Landes, die gastfreundliche, erfrischende Lebensart und die inspirierende Idylle in diesen Regionen ausstrahlen. Die Gemeinde besteht aus einer Reihe schmucker Dörfer und verwinkelter Weiler rund um die **Burg von Franchimont** nahe Spa am Kreuzweg des Herver Landes und des Ardenner Plateaus. Den Ortskern, der unter Denkmalschutz steht, zieren um den Place de Perron mit dem Brunnen (1768) einige schöne Gebäude mit typischen Fassaden der Maas-Renaissance im Stile Ludwigs XIV und XV sowie Bürgerhäuser aus dem 18. und 19. Jahrhundert.

Am Ende des Platzes liegt das Rathaus aus dem Jahre 1770. Theux ist ein lebendiges Städtchen, mit schöner Architektur und recht vielen Geschäften. In dieser Gegend wird der „Fleur de Franchimont", ein köstlicher Weißwein nach traditionellen Methoden hergestellt. Richtung Mont Theux am Ortsausgang liegt die Kirche Saint-Hermès et Alexandre. Es ist eine so genannte Hallenkirche (drei Schiffe mit gleich hohen, flachen Decken) aus dem 11. Jahrhundert, mit einem markanten, wehrhaften Turm. Die Kirchendecke ist besonders sehenswert. Sie ist mit 127 Holzmalereien aus dem 17. Jahrhundert verziert. Die Kirche ist das ganze Jahr über zu besichtigen (10 bis 17 Uhr). Man sollte sich aber im Pfarrhaus oder im Tourismusbüro unter dem Rathaus erkundigen. Wir fahren aus Theux heraus an der Kirche vorbei und dann rechts steil bergan über Mont Theux bis auf die Höhe. Dann biegen wir links ab (Schild Tierpark La Reid). Im Wald vor **La Reid,** dem reizenden Bauerndorf mit seinen alten Brunnen, gibt es ein Ausflugsziel für Familien.

Das Wildgehege von 40 Hektar Größe hat eine Gastronomie und Spielplätze. Hier leben etliche europäische Tierarten (Hirsche, Mufflons, Wildschweine, Bisons, Luchse, Damhirsche, Braunbären, Wölfe).

! *Tipp*

Wer mag, kann zuvor in Theux noch einen Abstecher zur Burgruine von ***Franchimont*** *machen. Sie liegt hoch über dem Tal der Hoëgne. (Aus Theux heraus am Rathaus vorbei direkt Richtung Spa halten, ausgeschildert). Sie wurde im 11. Jahrhundert erbaut. Die ursprüngliche Burg steht in der Mitte der Festung. Die große Umwallung ist ein mächtiges Bollwerk mit Kasematten aus dem 16. Jahrhundert unter Erard de la Marck, Fürstbischof von Lüttich, errichtet. Franchimont gilt als seltenes Beispiel der Entwicklung der Festungen in der Renaissance. Gastronomie: „Au délà du Château“*

Wir fahren nun den Weg wieder zurück **auf die Straße N 62 von Theux kommend** und folgen ihr bis zur großen Kreuzung, wo wir links Richtung Remouchamps fahren (N 633) können, um die berühmten Grotten mit einer Fahrt über einen unterirdischen Fluss zu entdecken. Zunächst machen wir aber einen Abstecher nach Tancrément. **Dazu fahren wir an dieser gleichen Kreuzung rechts ab Richtung Banneux,** wo uns süße Sünden erwarten (zirka 2 Kilometer hinter Banneux).

Kulinarischer-Tipp

Zum dahinschmelzen

“Niemals zum Sattessen, aber immer zum Vergnügen”, heißt die Devise der Bruderschaft des Reisfladens in Verviers. «La Seigneurie de la Vèrvî-Riz» (www.verviriz.be) besteht seit 1990 und kümmert sich um den Erhalt dieser lukullischen Tradition. Der « blanque dorêye », wie er im Vervietoiser Dialekt heißt, zergeht zart auf der Zunge und ist eine Versuchung wert. In Tancrémont sollte man einen süßen Stopp einplanen und dem “Au vieux Tancrémont” einen Besuch abstatten. Der Reisfladen hier gilt als einer der

besten der Region und wurde Anfang 1900 dort zum ersten Mal gebacken. 32 Zentimeter im Durchmesser haben die "Copies de Tancremont", die bereits seit 19 Jahren aus dem Backofen von Pâtissier André Van Hamme kommen, vorrangig mit Zutaten aus der Region. Begleitet werden sie von ihren Kolleginnen den Obstfläden, den "Vôtions" (Zuckertorte aus Hefeteig mit Zimtfüllung, Crème fraîche und Butter), Frischkäsekuchen (maquée) und "macaron", der Haus-Variante des Reisfladens mit Makronen und Mandeln angereichert. "Wir machen zudem einen Diabetiker-Reisfladen", verrät Geschäftsführerin Marie-Helène Detrembleur, „ sowie hausgemachte Chicorée-Torte".

„Au Vieux Tancrémont", *Tancrémont 9, Tel.: 0032 87 53 02 23, Geöffnet: Wochentags: 9.00 – 18.00 Uhr – Wochenende und Feiertage von 9.00 – 19.00 Uhr, montags Ruhetag (außer Feiertag); www.auvieuxtancremont.be*

Jetzt geht es den gleichen Weg wieder zurück und über die abschüssige Landstraße hinunter ins Tal der Amel Richtung Remouchamps. Wer Lust hat, kann das „Märchendorf" **Deigné** an der Straße N 633 für sich entdecken. Es trägt den offiziellen Titel eines der „Schönsten Dörfer der Wallonie". Die Bruchsteinhäuschen aus Kalk- und Sandstein datieren zum größten Teil aus dem 18. Jahrhundert. Die Fassaden tragen auf Steinschildern über der Tür ihr Geburtsdatum und in Nischen Heiligenfiguren. Das älteste Haus stammt von 1743. Nur einige hundert Meter weiter erreichen wir eine der Hauptattraktionen dieser Region – den Safari-Park Monde Sauvage.

Auf Safari in den Ardennen

Wir trauten unseren Augen nicht, als plötzlich ein friedlich grasendes, riesiges Flusspferd vor dem Wagen auftaucht und die Weiterfahrt blockiert. Auf den sanften Höhenrücken der Hügellandschaft am Rande des Ameltales liegt ein Safari-Freizeitpark, der zusammen mit den Grotten von Remouchamps eines der interessantesten Ausflugsziele der Provinz Lüttich bietet. Sicher gibt es viele Tierparks, aber eine Safari mit teilweise frei laufenden wilden Tieren ist immer eine besondere Attraktion. Das Terrain des Safari-Parks kann mit dem Auto befahren werden oder man benutzt die kleine touristische Bummelbahn, die über das Freigelände zwischen den zahlreichen Tierarten vorbei ruckelt. Die **Monde Sauvage** ist in verschiedene Teile gegliedert. Zunächst das erwähnte Safari-Gelände mit Elefanten, Flusspferden, Giraffen, Zebras, Wasserbüffeln u.s.w.. Es ist einfach ein wunderbares Erlebnis, die Tiere so nah zu sehen. Man teilt sich mit ihnen quasi den Weg. Vor dem zweiten Bereich stellt man das Auto auf dem großen Parkplatz ab. Im Herzen der Parkanlage beginnt ein Spazierrundgang zu den verschiedensten Tiergehegen mit Löwen, Tigern, Geparden, Bisons etc... Beeindruckend ist das Areal mit den großen Bären, die sich trotz ihrer Größe beim (eigentlich verbotenen) Naschen von Leckereien in putzig wirkende „Sitzriesen“ verwandeln. Im Zentrum befinden sich der Service mit Selbstbedienung und Restaurant sowie ein Shop und daran anschließend die exotische Volière. Nicht zu überriechen ist die äußerst lebendige „Farm der Tiere“, wo einige Dutzend Ziegen das Meckern haben. Es kommt immer mal vor, dass sie zu dritt, viert oder auch mehr auf dem tranigen Esel herumhopsen, der alles in stoischer Ruhe über sich ergehen lässt. Gleich daneben ist ein großes Spielgelände, wo die Kids sich austoben können. Viel umschwärmt sind die Shows mit den drolligen Seelöwen. In täglich zwischen zwei und vier Vorstellungen führen sie ihre Kunststücke dem Publikum vor. Eine wahre Freude vor allem für die Kleinsten. Viele neue Attraktionen (bei insgesamt rund 20 Stationen im gesamten Parkgelände) sind in der Monde Sauvage errichtet worden. Kaum an Spektakel zu überbieten ist die Affeninsel mit den ebenso athletischen wie lustigen Gibbonäffchen, die über Äste tänzeln und an Seilen durch die Lüfte sausen. Neu ist auch die Orang-Utan-Insel, die wie eine kleine Festung angelegt ist. Ein neu hinzu gekommener Bereich widmet sich den Greifvögeln und der Falknerei. In einer 30-Minuten-Vorstellung staunt der Besucher über die phänomenalen Eigenschaften dieser Flugkünstler in freier Wildbahn. Alles in allem dauert die Entdeckung dieses interessanten und abwechslungsreichen Tierparks mindestens 4 Stunden. **Nun kommen wir nach Remouchamps**.

Auf dem Wasser unter der Erde

Beweglich muss man schon manchmal sein in den engen Booten, welche die Besucher über die 700 Meter lange unterirdische Wasserstraße befördern. An der niedrigsten Stelle rät uns der Scout vorne im Boot an der Manövrierstange sogar den "Kopf auf die Knie zu senken", denn man nähert

Monde Sauvage

sich der so genannten "Guillotine", wie er lächelnd anmerkt. Hier erhebt sich die Höhlendecke kaum mehr als einen Meter über dem Bootsrumpf. Die Hände sollten innerhalb des Bootes gehalten werden, denn es kommt vor, dass die Barke die Felsen leicht touchiert. Ein wenig abenteuerlich ist sie, die unterirdische Reise über den **Rubicon** in **Remouchamps**, aber das macht sie ja gerade zum unvergesslichen Naturerlebnis. Im Zweistundentakt werden die Gruppen am Eingang der Höhle empfangen und von Scouts durch die Grotten geführt. Das alles läuft mittlerweile mehrsprachig auch in erstaunlich gutem Deutsch ab. Zirka 1 ¼ Stunde dauert die gesamte Besichtigung der bizarren Felsenwelt. Es geht zunächst zu Fuß ungefähr 1.200 Meter auf und ab über gut begehbare Gänge bis ans Ende der Höhle, wo dann der Rückweg über das Wasser der Grotte beginnt. Die 700 Meter per Barke unter der Erde im Schneckentempo dauern eine knappe halbe Stunde und sind wirklich außergewöhnlich. Auf halber Strecke etwa, während das Boot geräuschlos durch die Dunkelheit des Höhlentunnels gleitet, passiert man eine mitten im Fluss heraus stoßende, hohe Steinsäule, ein Phänomen, das die "Palme" genannt wird. Die Wege sind teilweise so eng und niedrig, dass der Scout sich und das Boot an den Felswänden vorwärts drücken kann. Das ganze ist ungefährlich, wenn man sich an die Anweisungen hält. Die Wassertiefe ist mit bis zu einem Meter keine Gefahr. Die Temperatur des Wassers von 3° C bis 6° C ist ziemlich kühl. Die Grotte hat eine Temperatur von 10°C bis 13°C und ist relativ feucht. Darauf sollte man sich beim Besuch durch geeignete Kleidung vorbereiten, auch im Sommer. Dazu gehört auch festes Schuhwerk, weil manche Stufen nass und glitschig sein können. Zudem sind enge Wendeltreppen aus Gusseisen am Ende der Grotte in den unteren Bereich der Höhle, wo der Rubicon fließt, zu begehen. Trotzdem ist der Rundgang nicht ermüdend. Seit 1828 werden die Grotten von Touristen besucht. Der Großteil der so genannten Galerien wurde durch den Fluss gegraben, aber manche Teile entstanden auch durch Erdrutsche und Beben wie an einigen Stellen an der Lage der Felsbrocken zu erkennen ist. Gegen Ende der Rückfahrt ist die Höhle sehr eng wie ein Tunnel. Bemerkenswert ist die Kathedrale, der größte Saal der Höhle mit 40 Metern Höhe und besonderer Akustik, den man über 82 Stufen Steintreppen erreicht. Direkt zu Beginn der Führung gelangt man in die Galerie des Abgrunds. Sie endet abrupt an einem acht Meter tiefen Abgrund, auf dessen Boden der Rubicon fließt. Bei der großen Draperie staunen wir über die sieben Meter hohe, "lebende" Säule, die sagenhafte 700.000 Jahre alt ist und weiter wächst und deren kristalline Ablagerungen aus der Verdampfung von Wassertropfen hervorgehen. Infos: (www.mondesauvage.be – sehr schöne virtuelle Site!)

! *Tipp*

Wettduften

Dass Belgien eine Käse-Großmacht in Europa ist, kann der Besucher alljährlich am letzten Augustwochenende in Aywaille mit größtem Vergnügen beim Fest des Käses in Harzé feststellen. Harzé besitzt eine der makellosesten Schlossanlagen des Landes. Auf dem wunderschönen Schlosshof präsentiert die Gilde der Käsehersteller ihre feinen Produkte. Über 150 Sorten belgischen Käses konkurrieren untereinander und mit anderen Anbietern aus den Niederlanden, Frankreich und Deutschland, die weitere 50 Sorten zum Angebot beisteuern. Das Fest für den Gaumen und die Nase zieht sowohl Feinschmecker und Gastronomen wie auch neugierige Käseliebhaber aus den angrenzenden Regionen an, die ein außergewöhnliches Fest an einem imposanten Ort genießen wollen. Vom Geheimtipp Abteikäse über den regionalen Favoriten des Herver Käse bis zum raffinierten Ziegenkäse lernen die Besucher die Käsevielfalt gleich mehrerer Länder kennen. Der Eintritt zum Käsefest ist kostenlos. Die grandiosen Schlossgebäude in ihrer heutigen Form stammen aus dem 17. und 18. Jahrhundert mit Elementen des Maasstiles. Es wurde zu Beginn des 20. Jahrhunderts komplett restauriert. In der romantischen Taverne mit schöner Terrasse zum Schlosshof mit Bassin werden regionale Produkte angeboten. Harzé besitzt zudem ein Mühlen- und Bäckereimuseum. Den Ort erreicht man über das quirlige Aywaille mit seinen vielen Geschäften und Cafés. (www.chateau-harze.be)

Von Remouchamps aus wendet man sich über die Landstraße N 633 unter dem Viadukt nach Trois-Ponts Richtung Stavelot. Sie folgt stetig dem Lauf der Amblève. Eine sehr interessante Spazierfahrt (knappe 20 Kilometer) mit vielen Möglichkeiten, einmal hier oder dort einen Halt einzuplanen, um die Annehmlichkeiten der Landschaft oder die Freizeitaktivitäten zu genießen. Nach wenigen Minuten erreicht man den Zusammenfluss des Ninglinspo mit der Amblève. (Parkplatz und Restauration, Beschilderung Ninglinspo)

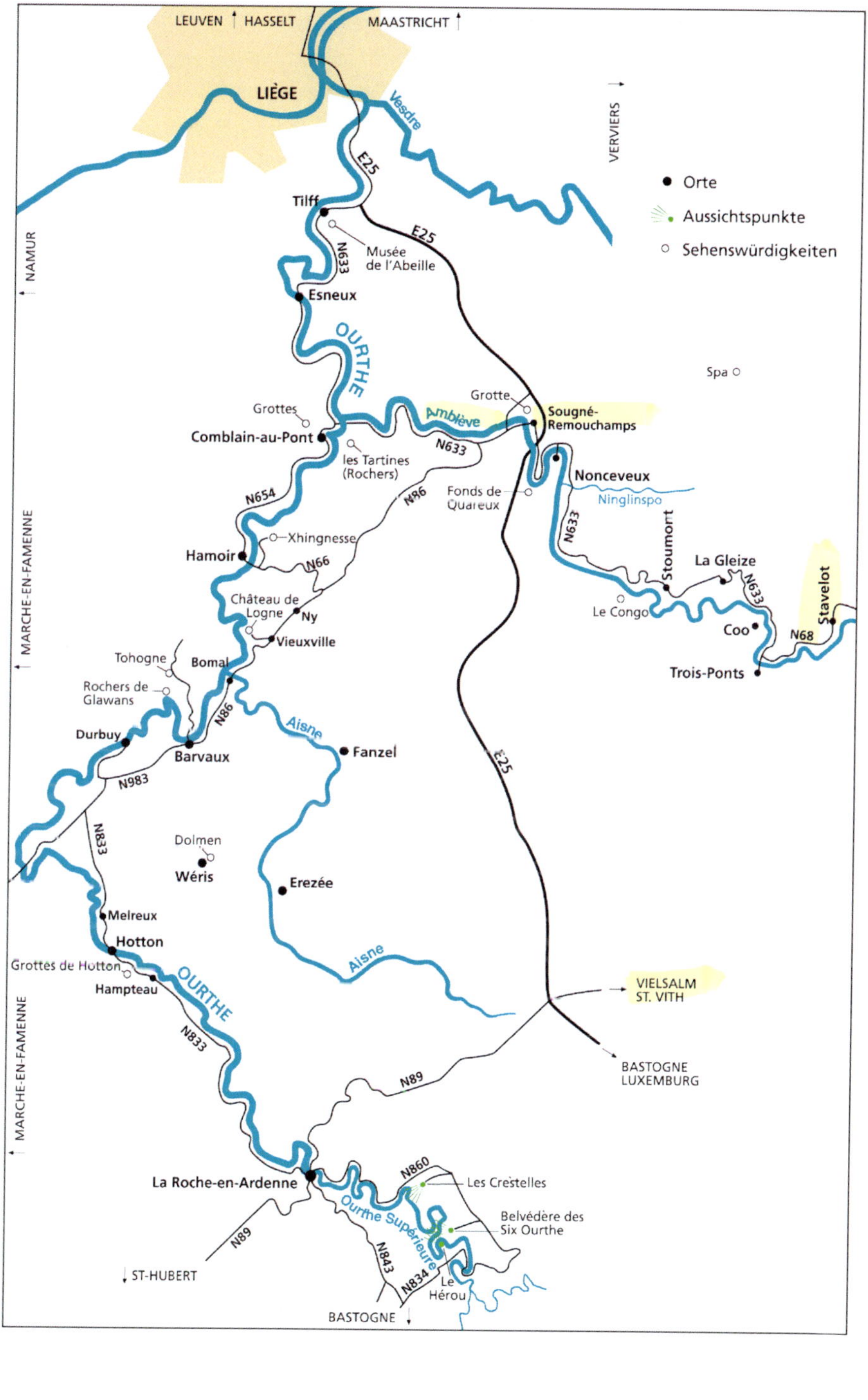
LEUVEN
HASSELT
MAASTRICHT
LIÈGE
Vesdre
VERVIERS
E25
Tilff
Musée de l'Abeille
N633
Esneux
NAMUR
OURTHE
Orte
Aussichtspunkte
Sehenswürdigkeiten
Spa
Grottes
Grotte
Sougné-Remouchamps
Amblève
Comblain-au-Pont
N633
les Tartines (Rochers)
Nonceveux
Fonds de Quareux
Ninglinspo
N654
N86
Xhingnesse
Hamoir
N66
N633
Stoumont
La Gleize
Stavelot
Château de Logne
Ny
Le Congo
Coo
N68
Vieuxville
Trois-Ponts
MARCHE-EN-FAMENNE
Tohogne
Bomal
Rochers de Glawans
N86
Aisne
Durbuy
Fanzel
Barvaux
N983
E25
N833
Dolmen
Wéris
Erezée
Melreux
Hotton
Grottes de Hotton
Hampteau
OURTHE
Aisne
VIELSALM
ST. VITH
N833
BASTOGNE
LUXEMBURG
N89
MARCHE-EN-FAMENNE
N860
Les Crestelles
La Roche-en-Ardenne
Ourthe Supérieure
Belvédère des Six Ourthe
N89
N843
N834
Le Hérou
ST-HUBERT
BASTOGNE

Naturschauspiel am Ninglinspo

Ein seltenes Juwel der Natur aber ist der geheimnisvoll anmutende Ninglinspo, der hier in die Amblève mündet. Der Ninglinspo entsteht durch die beiden Bäche Blanches Pierre und Hornay. Ein paar Schritte vom Parkplatz entfernt betreten wir bereits die pure Natur und müssen den freilaufenden Bach überschreiten. Hier ist kaum etwas von Menschenhand geformt worden, bis auf die vielen Holzbrücken, schmale, richtig abenteuerliche Stege, lediglich von Balkenstärke mit einseitigem Holzgeländer, die es ermöglichen den Ninglinspo zu kreuzen und ihn von beiden Seiten zu erwandern. Aber kein Problem, wir trauen uns, schließlich wollen wir den Geheimnissen dieses Tales auf die Spur kommen. Das Wasser fließt seinen natürlichen Weg

und so manche seichte Furt ist dabei zu überwinden. Festes Schuhwerk ist erforderlich. Die Steigung am Bach durch das Tal ist stetig, aber nicht zu ermüdend. Wer die ganze Distanz bis auf 385 Meter Höhe absolvieren will, sollte schon gut zu Fuß sein. Es ist auch kein Problem auf einem Teil der Strecke kehrt zu machen. In der Ruhe des Waldes und der Enge des Tales vernimmt man sanft die Symphonie des beharrlich rauschenden Wassers. Kiefern, Buchen und Ginster bestimmen das Bild des Waldes. Am Wegesrand blühen Buschwindröschen. Der Wildbach schlängelt sich durch einen urwüchsigen Höhenzug über eine Länge von dreieinhalb Kilometern mit durchschnittlich 7,5 % Gefälle. Die Erosion durch den schnellen Wasserlauf mit Stromschnellen hat zu schmalen Rinnen geführt. Sie verbinden Schächte und „Bäder“ mit poetischen Bezeichnungen miteinander: Bain du Cerf, Bain de Diane, Bouillon de la Chau-dière, Bain de Naiades, Bain de Vénus, Bain de la Loutre, Bain de Hèrmes. Ein wundervolles Naturportrait zeichnet die „Cascade de la Chaudière“, der Wassersturz des Ninglinspo. Je höher man gelangt, desto beeindruckender sind die Blicke auf den tief unten wirbelnden Bach. Man kann verschieden ausgedehnte Wanderungen unternehmen, die auch nach Schwierigkeitsgraden unterteilt sind, zwischen zweieinhalb und dreizehn Kilometern, von gut einer bis zu viereinhalb Stunden. Zu einer weiteren Sehenswürdigkeit der Natur der Amblève - Region kann man ausführlich wandern oder aber auch mit dem Wagen fahren. Denn nur ein paar Minuten entfernt liegen die **„Fonds de Quareux“,** eine große Anzahl mächtiger Quartzitblöcke, an denen sich das Wasser der Amblève bricht. Ein schmaler Pfad am Ufer führt ganz nah an die Steinkolosse mitten im Fluss heran (den Schildern „Fonds de Quareux folgen). Ein Stück weiter in Richtung Trois-Ponts fließt ein zweiter Wildbach, die Chefna.

Wir folgen dem Lauf der Amel weiterhin bis wir Coo erreichen. In **La Gleize** kurz vor Coo machen wir einen Halt, um den letzten Königstiger-Panzer aus dem 2. Weltkrieg zu bestaunen.

Abenteuer am Wasserfall

Plopsa Coo umfasst an die 20 Attraktionen, die sich vollständig und harmonisch in die Landschaft an der Amel einfügen.

Die Wasserfälle von Coo im Fluss Amblève sind mit einer Höhe von 15 Metern die größten in Belgien. Der kleine Wasserfall existiert etwa seit dem 15. Jahrhundert, der große wurde im 18. Jahrhundert im Auftrag der Abtei von Stavelot errichtet. Der Freizeitpark, der hier entstand fügt sich wunderbar harmonisch in die Naturlandschaft ein. Besonders beeindruckend ist der Sessellift, der auf 240 Meter über dem Meeresspiegel direkt an der Amel startet und eine Distanz von 700 Metern und einen Höhenunterschied von 220 Metern bis auf den Lancre-Berg hoch über dem Ameltal (460 Meter) überwindet. Von dort oben wird man mit einem hinreißenden Fernblick über das Tal der Amel, den Freizeitpark und das Wasserkraftwerk von Coo belohnt. Wer einen sportlich geprägten Rückweg ins Tal vorzieht, kann über den Weg an der Flanke des Hügels zu Fuß zurück gelangen. Plopsa Coo wurde kürzlich ganz neu gestaltet und das Konzept zählt zu den beliebtesten Attraktionen Belgiens. Im großflächigen Wildpark entdeckt man mit einem kleinen Zug eine typische Ardennen-Fauna. Für Wagemutige gibt es die 850 Meter lange Bob-Fahrt. Eine Runde auf der Achterbahn, der Kartbahn oder dem Splash verspricht Nervenkitzel. Zu einem deftigen und gemütlichen Frühstück oder einem kleinen Snack für Zwischendurch erwartet die Besucher das Buffet-Restaurant „La Cascade“. Es bieten sich dazu zahlreiche Plätze für ein erfrischendes Picknick an. Der Zugang zu diesem touristischen Gebiet ist kostenlos, aber der Park bietet auch etwa 20 Attraktionen (mit Eintritt) für diejenigen, die nicht vor einer gehörigen Portion Abenteuer zurückschrecken. Etwa auf dem neuen Mega Mindy Flyer. Mit dieser nagelneuen Attraktion schwebt man bis in eine Höhe von 65 Metern. Die Kinder sausen ihrer Superheldin Mega Mindy in den fliegenden Fahrrädern hinterher, wandern mit Samson & Gert im mysteriösen Labyrinth umher oder werden die Kumpane von Piet Pirat in der Oktopode. Die Allerjüngsten genießen eine Fahrt mit dem nostalgischen Karussell. Bei **Cookayak** kann man auf einem wunderschönen Parcours von 9 km Länge im Kajak auf dem Wasser der Amel die belgischen Ardennen von einer ganz besonderen Seite erkunden. Es gibt die Gelegenheit zum Ausgangspunkt per Mountainbike oder mit dem Shuttle-Bus zurückzukehren. (www.plopsa.be)

Über Trois-Ponts erreichen wir dann Stavelot.

Die tausendjährige Geschichte des Fürstentums Stavelot-Malmedy
Stavelot war das **erste Kloster** in der Eifel-Ardennen-Region, **648 vom Hl. Remaklus** gegründet, dessen **Reliquienschrein** ein Meisterwerk ist. Es ist nahezu perfekt gelungen, aus den alten, erhalten gebliebenen Gebäudeteilen ein harmonisches Ensemble mit den vollkommen restaurierten Komplexen zu gestalten. Die Abtei und die des benachbarten Malmedy wurden als kirchliches Fürstentum (Reichsabtei Stablo-Malmedy) begründet und waren dem Heiligen Römischen Reich angegliedert. Der Klostervorsteher führte den Titel eines Fürstabtes. Mehr als ein Jahrtausend lang erstreckte das Fürstentum Stavelot-Malmedy seinen politischen, religiösen und wirtschaftlichen Einfluss über ein weites Gebiet und die Grenzen Belgiens hinaus. Von der ehemaligen Abteikirche sind nur Ruinen mit dem mächtigen Turm vor der heutigen Abtei erhalten geblieben. Beeindruckend ist diese archäologische Ausgrabungsstätte, die noch heute erkennen lässt, welche Dimension die Abteikirche aus dem 11. Jahrhundert entsprechend ihrer Bedeutung gehabt haben muss. Rund 200 Meter entfernt, im alten historischen Kern von Stavelot, nahe des **Place St. Remacle**, steht die zwischen 1750 und 1754 erbaute St.-Sebastian-Kirche, die einen Besuch wert ist, allein schon weil sie tadellos restauriert ist und eine kleine Augenweide, die es in sich hat. Hier steht ein Meisterwerk, einer der bedeutendsten und größten Reliquienschreine in Europa, der Remaklusschrein. Er nimmt die Mitte des Chorraums ein. Er enthält die Reliquien des Gründers der Abtei Stavelot-Malmedy im 7. Jh.. Warum der Schrein in der Pfarrkirche steht, ist wie folgt zu erklären: Nach der Rückkehr der Mönche aus dem Exil (sie nahmen die Schätze der alten Abteikirche mit), wozu die Französische Revolution sie gezwungen

hatte, übergaben sie der Pfarrkirche den kostbaren Reliquienschrein. Im Jahre 1268 vollendet, ist der Schrein ein prächtiges Beispiel der **rheinisch-maasländischen Goldschmiedekunst.** Das Kult- und Kunstobjekt befindet sich im Chor, an einer Stelle, die an seinen ursprünglichen Platz in der ehemaligen Abteikirche erinnert. Im Chor steht ein marmorner Hauptaltar von 1880, gekrönt von einem Altaraufsatz (1776) aus vergoldetem marmoriertem Holz. In der Nische eine Statue des hl. Sebastian, Schutzpatron der Pfarrkirche, ein Werk des Bildhauers Renier Panhay aus dem Jahre 1717. Die Orgel in ihrem imposanten Gehäuse datiert aus dem Jahre 1841 und ist das Werk des deutschen Orgelbauers Wilhelm Korfmacher. Die aus Eiche und mit Schnitzereien verzierte Kanzel aus dem 18. Jh. mit den Büsten der Kirchenväter St. Ambrosius, St. Augustinus, St. Gregor und St. Hieronymus, stammt aus der ehemaligen Abteikirche. Der barocke Schutzengel, im linken Seitenschiff, wurde um das Jahr 1696 bei dem berühmten Lütticher Bildhauer und Berninischüler Jean Delcour in Auftrag gegeben. Lohnenswert ist ein Blick in die Schatzkammer mit dem Schrein, der die Gebeine des Heiligen Remaklus enthält, und der Reliquie des St. Poppon, Abt von Stavelot um 1021.

Drei Museen in einer Abtei

In den Gewölben der Abtei von Stavelot wandelt der Besucher auf den Spuren des legendären Rennkurses von **Spa-Francorchamps.** Die ausgestellten Fahrzeuge stammen aus Privatsammlungen, die ständig aktualisiert werden. Der größte Anteil entfällt auf Rennwagen. Viele „Oldtimer“ sind darunter. Das Museum des Fürstentums Stavelot-Malmedy im vollständig renovierten Kreuzgang der ehemaligen Abtei aus dem 18. Jahrhundert bietet einen großen, chronologisch angelegten, audio-visuellen Rundgang (auch in deutscher Sprache) durch über 1.000 Jahre Geschichte in acht Zeitetappen. Besonders sehenswert neben vielen archäologischen Funden und Kunstgegenständen ist das Refektorium (1774-1778) im Südflügel. Es ist komplett mit bemerkenswerten Stuckarbeiten an Wänden und Decken im Stil-Louis XVI sowie mit Eichenböden verziert. Das Museum des Fürstentums von Stavelot-Malmédy ist mit modernen Multi-Media-Elementen ausgestattet und um den « Espace Wibald » erweitert worden, der dem berühmten Abt Wibald von Stablo im 12. Jh. gewidmet ist. Von Juli bis Oktober 1899 weilte Guillaume Apollinaire in Stavelot. Er wohnte in einer bescheidenen Familienpension und musste Hals über Kopf abreisen, ohne die Rechnung zu bezahlen. Im Museum auf der oberen Etage ermöglichen ein Salon und eine Bibliothek dem Besucher sein literarisches Werk anhand von Dokumenten und Büchern zu entdecken. Der **Laetare-Umzug** in Stavelot mit den „Blancs Moussis", den Mönchen in weißer Kutte, mit langen roten Nasen und aufgeblasenen Schweinsblasen im Arm, ist der Höhepunkt eines der traditionsreichsten Folklorefeste in Belgien.

St.-Sebastian-Kirche mit Remaklusschrein

Mehrere zigtausend Besucher strömen jährlich Ende März in das Ardennenstädtchen. Rund um den beschaulichen Place St. Remacle im Zentrum werden die zirka 2000 Mitwirkenden und vor allem die Schabernack treibenden bis zu 300 „Blancs Moussis-Mönche" gefeiert. Bereits seit 1502 findet dieses Karnevalstreiben statt, das mit Kanonen einen wahren Konfetti-Regen beschert. (www.abbayedestavelot.be)

Berühmtes Radrennen in den Ardennen

Einer hinter dem anderen, mancher allein, manche in Gruppen, ziehen, mit dem Rad schlingernd vor Anstrengung, pustend, schwitzend, die Zähne zusammen beißend, auf den Pedalen stehend, bei jeder Witterung diesen irrsinnig steilen Berg hinauf. Zwei Kilometer Anstieg, phänomenal, nicht nur die Atmosphäre unter den radsportverrückten Belgiern, die den Berg mehr und mehr in Beschlag nehmen – nah, hautnah kommt der Tross gleich hier vorbei. Ein Blick zurück ins weite Tal, über die Abtei Richtung Hauptstraße, dort beginnt der lange Weg nach oben. Hier oben hilft vielleicht für den nächsten Anstieg der verstohlene Blick auf die glitzernde Plakette eines Denkmals, das bereits zu Lebzeiten einen großen Sieger an diesem Berg ehrt – Eddy Merckx – fünf Mal gewann er eines der bedeutendsten Profi-Radrennen, Lüttich-Bastogne-Lüttich. Der Rennverlauf führt nachmittags direkt an der Abtei vorbei und hier über einen der legendärsten Bergabschnitte nach Wanne hinauf. Berühmt ist das Rennen nicht zuletzt wegen der außergewöhnlich reizvollen und sportlich fordernden Landschaft geworden, durch die es verläuft.

Schöne Aussichten

Gleich zwei ausgeschilderte Routen führen durch einen der schönsten Landstriche der Ardennen. Die **„Route des Sommets Lienne Amblève“** (Höhenstraßen an Lienne und Amblève) sowie die „Route des Panoramas“, die jeweils mit sechseckigen Hinweisschildern gekennzeichnet sind. Letztere ist eine kleinere Rundfahrt von zirka 50 Kilometern oberhalb von Stavelot und Trois-Ponts. Sie führt durch Dörfer und Weiler in idyllische Einsamkeit. Bei den kurvenreichen, aber sehr verkehrsarmen Straßen, sollte man sehr gut Acht geben und gutes Kartenmaterial sichten, um sich in den Landschaften zurecht zu finden. Die Romantik in der Natur, die Bauerndörfer und die schmucken Häuser sind eine Augenweide und jeden kleinen Umweg wert. Wer die Route nicht nachfahren will, kann sich an den Hauptausflugszielen orientieren. Wie zum Beispiel das Dorf Wanne in herrlicher Lage hoch oberhalb von Stavelot. Die Landstraße nach Stavelot ist bereits Teil der großen „Route des Sommets Lienne Amblève“ und führt weiter nach Trois-Ponts. Dieser Ort entwickelte sich mit dem Beginn des Eisenbahnlinienbaus in der Region. 1867 verlief hier die erste Eisenbahnstrecke zwischen Spa und Francorchamps. Die schwierigen Arbeiten entlang des Amblèvetales verzögerten einen Ausbau bis 1885. Heute noch sind die vielen typischen Tunnel und Viadukte der Region Zeugnisse davon. Von Trois-Ponts aus nimmt man am Bahnhof vorbei die steile Straße nach Aisomont hinauf. Man ist jetzt auf der **„Route des Panoramas“.**

Auf zum Puzzle - Planet
Paradies für passionierte Tüftler

Wer die steilen Berge nach Wanne bei Stavelot hinauffährt, dem begegnen im Sommer viele Rennradfahrer, denn die Strecke ist legendär im radsportverrückten Belgien. Im Winter wird hier oben Skisport betrieben an einem der wenigen Skilifte der Region. Immerhin geht es auf gut einem Kilometer bergab, von immerhin 500 Höhenmetern aus. Was im Winter wie im Sommer eine ideale Sonnenterrasse ist, das ist eigentlich das ganze Jahr über auch ein Paradies für Puzzle-Fans. Denn die Attraktion mit dem Fantasy - Namen Puzzle Planet ist eine außergewöhnliche Freizeitidee. Mittelpunkt der Anlage in Hanglage direkt am Skilift ist das größte Labyrinth der Welt aus Holz, stolze 2.500 m^2 Fläche mit 2,5 Kilometern Abenteuergängen auf zwei Ebenen. Bis zu ein und eine halbe Stunde dauert die Suche nach den Ausgängen. Man ist selbstverständlich auf verschiedenste Schwierigkeitsgrade eingestellt, und wem die Tour zu lang wird, der kann vorher durch Nebenausgänge entweichen. Für viele Arten von Rätseln und Geschicklichkeitsspielen gedacht, ist das **Puzzle Café** am Skilift, in dem die Tüftler beispielsweise drinnen um einen offenen Kamin herum über ihren kniffligen Aufgaben sitzen. Es finden sich auf allen Tischen des Lokals und auch auf der großen Terrasse Möglichkeiten an Holzspielen zum Entknoten, Verbiegen oder Zusammensuchen. Kurzweil für jung und alt und es gibt kaum eine Ecke, wo die Besucher nicht die Köpfe über Rätseln zusammenstecken können. Bei Puzzle Planet steht man mit Rat und Tat zur Seite, schließlich soll jeder auf seine Art zu der Rätsel Lösungen gelangen können. Für Kids ist in der Kinderecke gesorgt. (www.puzzleplanet.be)

Naturpanoramen

In Aisomont-Wanne gibt es einen der reizvollsten Ausblicke auf das Amblève-Tal und seine Umgebung. Wer möchte, kann einen sehr schönen Spaziergang über den „Chemin de La Tour Leroux“ unternehmen. Man muss dazu auf dieser Straße nach Wanne rechts in einen Waldweg einbiegen (Hinweisschild: Tour Leroux) und den Wagen abstellen. Ein Spaziergang von zirka 15 Minuten zum **Aussichtsturm Leroux** durch herrliche

Wälder immer wieder mit Blick auf die Höhenzüge über den Tälern ist sehr lohnenswert. Der Turm steht auf einem Vorsprung hoch über dem Tal. Die Aussicht ist grandios, vor allem für Schwindelfreie, welche auf die oberste Plattform gehen können. Man blickt über die Täler von Salm und Amblève und deren Zusammenschluss hinweg, bei besonders klarer Sicht bis auf die Bergrücken der Hochardennen in Belgisch Luxemburg. Man erreicht nun das schmucke Dorf **Wanne** mit seiner alten Kirche auf dem Dorfplatz und das nebenan liegende Schloss. Mitten im Ort zeigt die alte gusseiserne Säule mit ihren Schildern die Richtungen und die Höhenlage von 480 Metern an. Die Landschaften ringsum sind geprägt von Weißdornhecken und Heckenrosensträuchern. Beachtlich ist die blumenreiche Vegetation. Hier wachsen auch viele Früchte. Ein Glücksfall für Distelfink, Zeisig und Dompfaff. Kühe weiden genüsslich auf den Hangwiesen. Mit etwas Glück beobachtet man Greifvögel, die mit breiten Schwingen über das Hügelland in die Talmulden hinab gleiten. Von Wanne führt eine enge Landstraße durch einige Weiler bis nach Stavelot hinab. Hier genießt man ebenfalls immer wieder Ausblicke auf die Hügelketten und Täler.

ROUTE 2

Land der Täler und Talsperren

Lieblingsplätze rund um die ostbelgischen Seen

Das belgische Grenzland mit dem Hohen Venn ist mit prächtiger Natur verwöhnt. Wasserreichtum spielt eine gewichtige Rolle in diesen Landschaften mit vielen Flusstälern, vor allem auch für die Entstehung und Erhaltung der Hochmoore und Torfe. Das Hohe Venn erhebt sich am Rande des belgischen Tieflandes. Die Wolken vom Atlantik herüberziehend müssen auf ihrem Weg nach Osten über die Vennhöhen steigen. Das Gebiet erhält deshalb wesentlich mehr Regen und Schnee als sein Umland. Niederschläge werden vielfach in gestauten Seen aufgefangen. Bereits im 19. Jahrhundert begann man mit dem Talsperrenbau. Heute liegen hier zusammen mehr als zehn Stauseen auf deutscher und belgischer Seite. Gleich vier Talsperren mit ihren Seen konzentrieren sich in der Region Hohes Venn - Ardennen zwischen Bütgenbach und Verviers. Sie bieten ansprechende Ausflugsmöglichkeiten. Die Weser (frz.Vesdre) windet sich durch eine sehenswerte Naturlandschaft zwischen Eupen und Lüttich. Ihr Tal ist eines der reizvollsten Ostbelgiens beziehungsweise der Wallonie. In Eupen fahren wir von der Autobahn ab über den Kreisverkehr und beginnen unsere Tour in Richtung Baelen und Membach (beschildert), zweier sehr typischer und schöner Gemeinden der Region. Unser Ziel ist zunächst Limbourg. Doch vorher statten wir der Chocolaterie Jacques im Eupener Industriegebiet, nur einige Minuten von der Autobahn entfernt, (Richtung Innenstadt) einen Besuch ab.

Chocolaterie Jacques

Eine der renommiertesten Adressen für belgische Schokoladenkunst ist die Chocolaterie Jacques in Eupen in der Industriestraße 16 im Gewerbegebiet. Bereits 1896 gegründet war Jacques auch eine der ersten Schokoladenmanufakturen, die einen pralinégefüllten Riegel auf den Markt brachten, und das schon 1936. Wer die Manufaktur besucht erfährt im sehenswerten Museum vieles über die tausende Jahre alte Geschichte der Schokolade und ihre Verarbeitung. Dokumentationen über den Kakaoanbau, Videovorführungen, Sammlungen historischer Gegenstände wie alte Formen, Verpackungen, Maschinen, Farbbilder oder Werbungen bieten interessante Einblicke. Handwerkliche Arbeiten mit Schokoladenfiguren werden vor den Augen des Publikums ausgeführt, welches natürlich aufs Naschen gespannt ist. (www.chocojacques.be)

Nach diesem süßen Erlebnis fahren wir nun nach Baelen und erreichen schließlich Limbourg über die N 61.

Limbourg

Das mittelalterliche **Limbourg** zählt zu den eindrucksvollsten Dörfern Belgiens – ein Kleinod in landschaftlicher Schönheit. Der Platz Saint Georges, eingerahmt mit den Bürgerhäusern aus dem 17. und 18. Jahrhundert ist das Herzstück des Ortes. Unsere Tritte balancieren über das bucklige Kopfsteinpflaster, jahrhundertealte Steine aus dem Flussbett der Weser sind hier verlegt, nichts scheint hier mit der Zeit gegangen zu sein. Eine Reihe wunderschöner Häuser aus typischer Melange von Bruch-, Kalk- und Backstein umrahmt die Kulisse, winkelig, wackelig, verschnörkelt mit Miniaturfenstern und -türen, die Fassaden an den Unebenheiten des Kopfsteinpflasters ausgerichtet. Die steinalte Kirche Saint Georges aus dem 15. Jahrhundert ist nicht im besten Zustand. Sie thront auf dem Rand des befestigten Felsens von Limbourg. Eine Besichtigung ist nur auf Anfrage möglich. Einen außergewöhnlichen Blick auf das mittelalterliche Oberdorf auf seinem Felsvorsprung hoch über dem Tal der Weser hat man von Dolhain aus. Die Silhouette der Häuser und die Kirche Saint Georges von Limbourg liegen wie ein Krähennest auf dem Fels über dem Tal. Man fühlt sich dort oben wie in den schützenden Armen eines mittelalterlichen Burgenortes, denn Alt-Limbourg ist stark befestigt, war immer ein umkämpfter Ort mit bewegter Geschichte. Im 11. Jahrhundert gegründet war Limbourg Hauptort des gleichnamigen Herzogtums. In der Schlacht von Worringen um 1288 wurde es vom Herzog von Brabant erobert. Fortan war seine Geschichte eng mit dem Schicksal Brabants verbunden bis ins 18. Jahrhundert hinein. Die Limbourger Bürger oben hoch auf ihrem Felsen haben einen wunderbaren Blick auf das Tal der Weser in Dolhain und Goé. Steil bergab führt die Straße von Alt-Limbourg hinunter nach Dolhain. Im stillen Dorf Goé machen wir eine Entdeckung. Auf den ersten Blick kaum als solche zu erkennen, stehen wir vor einem derjenigen Schätzlein, die Belgien so verführerisch machen – eine kleine, traditionelle Pralinenmanufaktur namens **„Mireille“** (Rue Hauglustaine 14-18; B - 4834 Limbourg-Goé; Tel.: 0032 87 76 23 68) Wir folgen unserer Route von Goé die Landstraße N 629 entlang nach Jalhay. Biertrinker probieren ein

Original-Vennbier, gebraut in der kleinen Brasserie „Vervifontaine“, direkt an der Straßenecke an der N 672 gelegen, bei der man von Jalhay Richtung Verviers nach Limbourg abbiegen kann. **In Jalhay machen wir zunächst einen Abstecher zur Gileppe-Talsperre**. Wir folgen dann der N 672 von Jalhay hinauf ins Venn und über die N 68, dieser wunderschönen Strecke mit den herrlichsten Panoramen des Hochvenns, und biegen bei Baraque Michel nach Robertville und Bütgenbach ab. Wir passieren den höchsten Punkt Belgiens an der **Signal de Botrange** und kommen dann zum Naturparkzentrum. 1984 wurde hier der erste Stein zur Errichtung des Naturparkzentrums Botrange – Haus des Naturparks – am Hohen Venn auf dem Gebiet der Gemeinde Weismes gesetzt.

! *Tipp*

Perfektes Panorama

Auf der anderen Seite des Hohen Venns in Jalhay liegt die **Gileppe-Talsperre**. Sie zählt zu den ältesten Talsperren Europas (1869 bis 1875 errichtet). Monumental thront der steinerne Löwe mit seinen 300 Tonnen Gewicht und 13,5 Metern Höhe auf der 60 Meter hohen Staumauer. Der moderne Besucherturm am Stausee allein ist einen Ausflug wert. Wer sich mit dem gläsernen Aufzug auf die Plattform in 77 Metern Höhe begibt, wird mit einem fantastischen Fernblick belohnt. Die Plattform ist rund um mit Panoramafenstern ausgestattet. Kilometerweit kann der Besucher von der Talsperre über die bewaldeten Hügellandschaften des Venns und seiner Ausläufer bis hinüber ins Lütticher Land schauen. Anhand von Tafeln und Grafiken wird die Geschichte der Gileppe - Talsperre erläutert. Hier oben gibt es auch ein Restaurant mit dem gleichen famosen Rundblick. (Öffnungszeiten des Turms beachten: er ist nicht immer geöffnet. www.tourismejalhaysart.be) Rund um die Gileppe kann man prima Wandern (neuer Wanderrundweg mit 15,6 km) und auch Radfahren.

Wanderungen und Winterfreuden

Einer der schönsten Ausgangspunkte für eine Wanderung ist das Naturparkzentrum Botrange. Dort erhält man – natürlich auch in deutscher Sprache – vielfältige Tipps zu Aktivitäten und Entdeckungsausflügen in die einzigartige Landschaft des Hohen Venns (einmal pro Jahr auch eine Veranstaltung zum Thema der Schafherde im Venn). Eine umfangreiche Dauerausstellung, interessante Themenpräsentationen, ein großer Shopbereich und die Cafeteria ergänzen das Angebot. Das Naturparkzentrum bietet geführte Wanderungen mit Vennführern, Naturerlebnisprogramme für Schulklassen und Gruppen bis hin zu wissenschaftlichen Fortbildungen an. Besonders wichtig ist es, sich hier nach tagesaktuellen Empfehlungen und Informationen für die Vennbegehung zu erkundigen. (Telefon: 0032 80 44 03 00). (**Haus Ternell** bei Eupen ist ein weiterer beliebter Treff für Naturfreunde. Auch hier gibt es ein Naturzentrum. Beliebt ist die urige Blockhütte, wo man nach einem Ausflug in die Natur in typisch belgische Gastlichkeit einkehren kann). Eine sehr schöne und einfachere Wanderstrecke nicht nur in der reizvollen Winterlandschaft ist das „Pôleur Venn“ mit Startpunkt Mont Rigi. Hier geht es über Holzstege über einen Rundwanderweg von 2,5 km, der bis zur Brücke von Bosfagne auf 6,5 km ausgedehnt werden kann. Er ist mit Lehrtafeln bestückt, die Erläuterungen zur Vennlandschaft beinhalten. Auch wenn in der Vennregion der Schnee länger liegen bleibt als in unseren Regionen, so sind die Schneeverhältnisse doch sehr schnell wechselhaft und tagesaktuelle Information zu den Wintersportbedingungen unablässig. (siehe auch unter www.eastbelgium.com) Wer sich sogar auf Ski Alpin freut und das Wetter dann so richtig mitspielt, der ist am besten in Wanne (Trois-Ponts) bei Stavelot aufgehoben. Hier oben auf den Höhen um 600 Meter gibt es eine immerhin 1,2 km lange Abfahrt, einen Skilift und eine Gastronomie mit Sonnenterrasse. Die Naturlage oberhalb von Stavelot zählt zu den schönsten Panoramen der Ardennen – zu jeder Jahreszeit bezaubernd. Ebenfalls sehr sportlich geht es auf der 900 Meter Abfahrt in Mont des Brumes bei Francorchamps/Spa zu. Das ist schon „alpenähnliches“ Wintersportambiente.

Von der Botrange aus über Ovifat fahren wir nach Robertville.

Robertville

Der romantische See von Robertville, eingebettet in die famose Landschaft des Naturparks Hohes Venn-Eifel, wird bewacht von der märchengleichen Burg Reinhardstein. Der „Lac de Robertville“ mit Schwimmzone und Sandstrand lädt seine Besucher ein, die herrliche Natur an seinen Ufern in berauschender Nähe des Wassers zu erleben. Auf dem See sind viele Wassersportarten zuhause, außerdem ist er ein Anglerparadies. Seine wohl schönste Seite lässt er von der Von Haelen Brücke aus erblicken, die über die Mitte des Sees verläuft. Im Ort sind zahlreiche Cafés und Restaurants aller Couleur als Anziehungs- und Rastpunkt für durchreisende Ausflügler ebenso beliebt wie für Kurzurlauber oder Wanderer, die im Warchetal unterwegs sind und die wundervolle Natur erkunden. Die Wildmetzgerei „La Fagnarde" gegenüber der Kirche ist über die Region hinaus geschätzt. Sie liefert ihre Spezialitäten auch an die ausgezeichnete Gastronomie Ostbelgiens.

Burg Reinhardstein

In der Einsamkeit des **Warchetales** steht 500 Meter hoch auf einem vorspringenden Felsen die alte **Burg Reinhardstein**. Bereits seit dem 19. Jahrhundert eine Ruine, erlebte Reinhardstein durch den Brüsseler Professor Overloop, der sie 1965 erwarb, eine Renaissance. 1354 erbaute Reinhard von Weismes die Burg mit Erlaubnis des Grafen Wenceslas von Luxemburg, der im Jahre 1356 auch Herzog von Brabant und Limburg wurde. Ihre Geschichte wird eng in Verbindung mit den sagenumwobenen vier Söhnen Aymons gebracht. Es besteht daran kein Zweifel, dass sich Karl der Große auf seiner Reise in sein Jagdschloss nach Weismes hier aufhielt. Durch die schmale Eisentür, kaum als Eingang zu erkennen, betritt man die Burg. Das Innere atmet mittelalterliche Geschichte. Gleich könnte ein Burgfräulein den Raum betreten, das seinen Ritter zurück erwartet, vom Klacken der Pferdehufe auf dem steinernen Burghof erfreut. Professor Overloop hat aus der Burg ein wahres Schatzkästlein gemacht. Der Besucher staunt über die zahlreichen Gegenstände, die der Sammler aus ganz Europa hier zusammengetragen hat. Den ehemaligen Wächtersaal schmückt eine Büste Karls des Großen (es gibt nur zwei in der gesamten Region) vor einem großen Wandteppich. Ob Schränke, Gemälde, Rüstungen, Wappen, Schilder, Kronleuchter und Gobelins, die Räumlichkeiten der Burg stecken voller Andenken und geschichtlicher Pretiosen. Der Rittersaal, den man ganzjährig auf Anfrage für Feierlichkeiten anmieten kann, ist der imponierendste Raum neben der kleinen Kapelle auf der oberen Etage. Hier sind viele sakrale Kunst-und Gebrauchsgegenstände ausgestellt. Über knarrende Stiegen gelangt man in den Wohnturm, den Privaträumen der Burg. Sie vermitteln einen Eindruck vom Leben in der damaligen Zeit. Fast schon überbordend sind hier die vielen Kostbarkeiten und Objekte aus der Sammlung des Professors in den vollständig ausgestatteten Zimmern.

Um das Schloss herum ist ein Wanderweg ausgeschildert (zirka 3/4 Std.), der zu einem Kuriosum führt, dem höchsten Wasserfall Belgiens (40 Meter), gespeist aus dem kleinen Bach, der zur Burg herunter plätschert.

Von Robertville führt unsere Route nach Waimes via N 676 und über die N 632 nach Bütgenbach.

Bütgenbacher See
Der Bütgenbacher See ist ein Ausflugsziel par excellence für Wassersportler und Erholungssuchende. Durch den Bau der Warchetalsperre entstand ein 120 Hektar großer See, dessen enormer Freizeitwert vor allem durch das Sportzentrum Worriken gegeben ist. Sport-und Familienferien sind "in" am Bütgenbacher See. Das Multi-Aktiv-Angebot hält vom Segeln übers Tauchen und Surfen bis zum Kajak-/Kanufahren und Outdoorsport ein interessantes und umfangreiches Programm bereit. Das Freizeit- und Sportzentrum Worriken hält ein vielseitiges Angebot bereit: Venntastic Beach, 8.000 qm Badestrand, Naturfreibad, Wassersport mit Segeln, Kajak und Surfen, Hochseilgärten, Camping, Ferienbungalows. (www.worriken.be)

Wander-Tipp

Immer in der Nähe des Wassers – Rund um den Bütgenbacher See
Die Seen in Ostbelgien waren schon immer Anziehungspunkte für viele Aktivurlauber und Wassersportler. Doch auch der Wanderer kommt dort auf seine Kosten. Ein zirka zehn Kilometer langer Wanderweg rund um den Stausee von Bütgenbach ist eine der interessantesten Wanderrouten der Region. Ein Ausgangspunkt für den Start des Rundweges ist am Sportzentrum Worriken auf dem Parkplatz. Man wendet sich zunächst von dort bergab seitlich rechts an einer Schranke vorbei an den ehemaligen Gleisen der Vennbahn auf einen Pfad zum Seeufer. Die Hinweisschilder aus Holz, mit der Aufschrift „Rund um den See“ und einem gelben Rechteck markiert, zeigen die Route an. Nach zirka 100 Metern erreicht man bereits das Seeufer. Der Weg führt bald in einen breiteren Waldweg durch Tannenwälder. Der Blick auf den See bleibt aber erhalten. Das einzige Stück geteerte

Landstraße, dem man auf dieser Tour folgt, erreicht man dann nach etwa 1,5 Kilometer. Hier wird schon die äußerste Spitze des Bütgenbacher Sees gestreift. Über die Wirtzfelder Brücke geht es dann linker Hand am anderen Ufer weiter. An diesem Punkt bei der Brücke mündet die Warche in den See. Eine schnörkelige Passage über schmale Waldpfade schließt sich an, nachdem man einen kleinen Steinbruch passiert hat. Die Nähe zu einem großen Teil des Sees und der Wald verleiten hier zum Halt. Eine Bank, die etwas erhöht am Ufer unter den Baumkronen steht, ist eine Oase der Ruhe und eröffnet romantische Ausblicke über die Natur der Seenlage.

Naturschutzgebiet mit reicher Flora und Fauna

Danach geht es etwas steil bergauf über einen breiten Waldweg. An den Seiten kann man jeweils noch Überreste von Schützenlöchern der „Von Rundstedt Offensive“ im Winter 1944-45 erkennen. Auf halber Höhe angekommen nimmt man den Weg links in den Wald hinein, der ins Tal der Holzwarche führt, wo ein 200m langer Holzsteg uns trocken durch das feuchte Ufergebiet bringt. Über die Brücke passiert man die Holzwarche und folgt dem Weg links ab. Der untere Pfad ist auch mit einem Holzsteg ausgebessert und führt sicher durch unwegsames und sumpfiges Gelände. Hier befindet man sich in einem Naturschutzgebiet. Die herrliche Ruhe und Naturvielfalt ist beeindruckend und einer der schönsten Plätze des Rundweges, natur belassen und ursprünglich. Man erklimmt aber besser den steileren Hang, um die schöne Sicht auf die Holzwarche zirka 50 Meter unterhalb zu genießen. Eine Bank auf dem Hügel lädt zur Rast ein. Der Weg geht nun wieder bergab über einen schmalen Pfad hinunter zum Seeufer. An dieser Stelle ist die Vegetation besonderes üppig und präsentiert in den Sommermonaten ihr Farbenspiel. Auf diesem Teilstück öffnen sich immer wieder zwischen Büschen und Bäumen kleine Freiräume, die wunderschöne Panoramablicke über die Seenfläche bis ans andere Seeufer ermöglichen. Einige Zeit später gelangt man zum „Strand von Berg“, dem Tummelplatz für Badegäste am See. Jetzt ist es nicht mehr weit bis zum anderen Ende des Sees mit der Staumauer, über die man dann zur anderen Seite gelangt. Das imposante Bauwerk ist 132 Meter lang und 23 Meter hoch. An ihrem Fuß liegt das Elektrizitätswerk, das im Jahresdurchschnitt 2.000.000 KWh erzeugt. Der gesamte Stausee hat eine Fläche von 120 Hektar. Nach dem Übergang über die Staumauer wendet man sich linker Hand durch einen kleinen Park in die so genannte „Liebesallee“. Sie führt über einen romantischen Pfad am

Seeufer entlang mit Holzbänken unter schützenden Baumkronen. Der Weg ist mit Laternen gesäumt, die vor allem an lauen Sommerabenden das Seeufer in einen Hauch von südländischem Flair tauchen. Etwa einen Kilometer weiter erreicht man das Freizeitzentrum Worriken. Von dieser Haltestelle, an der ehemaligen Trasse entlang, führt auch das letzte Stück zum Ausgangspunkt am Parkplatz des Sportzentrums Worriken zurück. Festes Schuhwerk ist sinnvoll, da man durch Waldgelände, über Hänge etc. geht. Auch ist es ratsam, Verpflegung/Getränke mitzunehmen, weil man unterwegs am See kaum Möglichkeiten der Verpflegung hat. (außer im Zentrum Worriken im Restaurant Mercator und in den „Burgterrassen" an der Staumauer, An der Lei 1, 4750 Bütgenbach, Telefon: 0032 80 446342).

Von Bütgenbach geht es anschließend via N 658 nach Amel.

Anmutiges Ameltal

Die kleinen Ortschaften inmitten einer von Wäldern und Wiesengründen geprägten Landschaft haben sich ihren ursprünglichen Charakter bewahrt. Der entdeckungsfreudige Wanderer kann sich an altehrwürdigen Kapellen, romantischen Bachläufen und mächtigen Buchen und Eichen erfreuen. Die Amel entspringt bei **Manderfeld** nahe der deutschen Grenze und wird vom kleinen Bach zu einem stattlichen Fluss von 10 m Breite, der bei Comblain - au Pont in der Provinz Lüttich in die Ourthe mündet. Im oberen Ameltal sind Wanderungen ein pures Naturerleben. Abstecher nach Möderscheidt und Eibertingen mit ihren Kapellen im Stil des 18. Jahrhunderts lohnen einen Schlenker bis man in den gleichnamigen Ort **Amel** gelangt. Amel ist die älteste Niederlassung der Ostkantone, 670 erstmals erwähnt. Karl Martell sorgte hier in einer Schlacht im Jahre 716 für den Beginn der karolingischen Herrschaft im Land zwischen Venn und Schneifel. Mittelpunkt des Ortes ist die Hubertus-Pfarrkirche mit ihrem Turm von 1541. Von Amel Richtung St. Vith über die ausgeschilderte Ourtal-Route (sechseckige weiße Schilder) empfiehlt sich ein Abstecher nach **Medell**. Schon weithin erkennbar ist der schlanke Turm der Kirche mit der markanten, helmförmigen Spitze. Entlang der Amel geht es nun nach Montenau. Aus Montenau heraus verläuft die Landstraße Richtung Malmedy/Ligneuville durch ein herrliches Waldgebiet, rechter Hand die Amel, die sich mal frei, mal tief unten versteckt gemächlich durch das grüne Tal windet. Man passiert den so genannten Wolfsbusch, wo noch alte Mühlsteingruben vorhanden sind. Auf der anderen Seite des Ameltales verläuft der Ravel-Wanderweg ebenfalls nach **Ligneuville** und Waimes. Einen Abstecher nach Montenau bei Amel machen wir öfter. Denn die **Taverne „Terminus"** schräg gegenüber am ehemaligen Bahnhof in Montenau mit der schönen, ruhigen Terrasse ist einer unserer Lieblingsplätze, vor allem im Sommer. Hier kann man sehr ansprechend essen oder auch nur eine köstliche Rast bei einem Getränk einlegen. (www.terminus-montenauer.be) Direkt vis-à-vis gelangt man auf den Ravel-Wanderweg. Tatsächlich wurde in der Region früher sogar nach Gold gesucht. Heute sind die Schätze hier kulinarischer Natur.

Die **Montenauer Schinkenräucherei** zählt zu den ersten Adressen Belgiens, wenn es um Ardenner Schinken und Wurstwaren geht. Beim Betreten des Gebäudes umschmeichelt der herzhafte Duft des Schinkens unsere Nase. Das Räuchern von Fleisch war früher die einzige Möglichkeit der Menschen in den unwegsamen, rauhen Weiten der Ardennen über den Winter hinweg Produkte haltbar zu machen und ihre Ernährung zu sichern. Die überlieferte tausendjährige Tradition des Reifungsprozesses ist noch heute der Garant für den unverwechselbaren Charakter, die rustikale Würze und den intensiven Geschmack der delikaten Schinken. „Ausschlaggebend für die Güte der Montenauer Schinken ist die Zeit der Reife. Vier Monate dauert es mindestens, bis aus einem frischen Schinken ein Original Ardenner Schinken aus Montenau wird", erklärt Inhaber Klaus Rohs. „Um unsere Qualität noch einmal zu steigern, haben wir die Reifezeit um einen Monat auf fünf Monate ausgedehnt". Der Ardenner Schinken ist ein kontrolliertes, geschütztes Qualitätsprodukt (AOC). Dafür bürgt das Label „Jambon d' Ardenne Appellation d' Origine". Aus einem Frischschinken von etwa 10-11 Kilogramm werden zum Beispiel die Nuss und das Kernstück herausgetrennt und in aufwendiger Handarbeit zum fertigen Ardenner Schinken verarbeitet. Geräuchert wird nach traditioneller Methode mit Ardenner Buchenholz und Wacholderbeeren. Das verleiht den Schinken ihre kupferne Farbe und das einzigartige Aroma der heimischen Ardenner Wälder. Von gleich hoher Qualität und exzellentem Geschmack sind auch die Mettwürste, Kochschinken, Pasteten, Fleischwürste etc. aus dem Hause Montenauer, die man auch in den belgischen Delhaize Supermärkten erhält. (www.montenauer.com)

Über den Ravel-Weg entlang der ehemaligen Vennbahnstrecke

Der so genannte Pre-Ravel-Weg gehört zum riesigen Radwandernetz „Velo-Tour Hohes Venn-Eifel“ mit einer Gesamtlänge von 850 Kilometern, das sich von der niederländischen bis zur luxemburgischen Grenze über den ganzen Osten Belgiens erstreckt. RAVeL (Réseau Autonome de Voies Lentes), das autonome Netz langsamer Wege, wurde im Oktober 1995 in der Wallonie eingerichtet. Sein Ziel ist die Errichtung eines Streckennetzes, das Fußgängern, Radfahrern, Personen mit beschränkter Bewegungsfreiheit und Reitern, dort, wo die Lage dies erlaubt, vorbehalten ist. Dieses Netz nutzt vor allem Schienenwege, die nicht mehr in Betrieb sind. Der 17 Kilometer lange Weg hat bemerkenswert vielfältige Facetten. Schöne Fernblicke über beschauliche Hügellandschaften, eine abwechslungsreiche und seltene Fauna und Flora sowie teils unberührte Naturschutzgebiete begeistern die aktiven Urlauber. Ob Radfahren, Wandern, Joggen oder ausgedehnte Spaziergänge, all dies kann mühelos bewältigt werden. Der Höhenunterschied beträgt gerade einmal 80 Meter vom höchsten Punkt in Weismes (510 m N.N) bis zum tiefsten Punkt in Montenau (430 m N.N.). Und der Belag besteht nicht aus Termac wie bei Ravelwegen üblich, sondern aus einer befestigten Erdmischung.

Idyllische Panoramen

Wer in Weismes (Waimes) den bestens ausgeschilderten Ravelweg beginnt, kann sich schon nach wenigen Kilometern an herrlichen Panoramablicken über das Ondeval und das Ameltal sowie über den Wolfsbusch erfreuen. Der Weg verläuft hier oberhalb der gemächlich fließenden Amel, die sich verborgen durch ein tiefes, bewaldetes Tal Richtung Ligneuville windet – wirklich ein Paradebeispiel für die natürliche Schönheit dieser ostbelgischen Regionen. Eine ganze Reihe von Ausflugszielen erstreckt sich entlang dieser Route, die man ohne großen Aufwand und Umweg unmittelbar in der Nähe des Ravelweges erreichen kann. Auf dem Weg in Richtung St. Vith liegt Born mit seinem Viadukt und der romanischen Pfarrkirche „St. Luzia“. Der St. Vither Geschichts- und Museumsverein „Zwischen Venn und Schneifel“ hat in Zusammenarbeit mit den Verkehrsvereinen aus Born und

Montenau als zusätzliche Attraktion einen historischen Lehrpfad auf dem Radwanderweg errichtet. So wird auf mehreren Infotafeln in Born und Montenau die Geschichte der Vennbahn anschaulich dargestellt. Die Naturschutzgebiete der BNVS bei Wallerode zwischen Montenau und St. Vith zählen sicher zu den interessantesten Zielen entlang dieses Ravelweges, der dann in St. Vith endet oder wenn man will dort beginnt. Ab Waimes führt das neu eröffnete Teilstück über knapp 22 Kilometer nach Trois-Ponts über Malmedy durch die Vennausläufer und Ardennenlandschaften bei Stavelot mit tiefen Tälern und dicht bewaldeten Höhenrücken. Der Ravel-Weg wird in die rund 130 km lange Ravel-Vennbahnroute integriert (voraussichtliche Fertigstellung 2013). Der Verlauf des Radweges beginnt dann in Aachen, verbindet quasi drei Länder u.a. über Raeren/Roetgen, Monschau, Sankt Vith und Troisvierges in Luxemburg. (www.ravel.wallonie.be)

! *Tipp*

Romantische Rundfahrt über die Venn - und Seenroute
Ostbelgiens Naturerlebnisse, Sehenswürdigkeiten und ländliche Idyllen
Wenn der Frühling endlich da ist, heißt es wieder rein in die Natur. Da sind die landschaftlichen Schönheiten Ostbelgiens gerade recht. Eben dann, wenn farbenstrahlende Blüten sich auf die Natur legen, entwickelt sie einen unvergleichlichen Charme. Und es gibt eine ganz empfehlenswerte Route, die viele Sehenswürdigkeiten verbindet und ein tolles Freizeitthema ist, die sogenannte Venn- und Seenroute. Es handelt sich um eine 150 Kilometer lange Rundfahrt, die an jedem Ort der Strecke begonnen oder beendet werden kann. Eine übersichtliche Beschilderung mit sechseckigen Hinweisschildern an der rechten Fahrbahnseite mit der Bezeichnung "Venn- und Seenroute" (frz. Route Fagnes et Lacs, in der Region Malmedy) sorgt dafür, dass man sich auf dieser Route, die auch über enge Landstraßen führt, nicht verfahren kann. Es gibt malerische Winkel aufzuspüren, viel Natur zu erleben und die angenehme belgische Gastlichkeit verführt einen auf Schritt und Tritt. Hier sind auch entdeckungsfreudige Reisende gefragt. Ein idealer Ausgangspunkt ist **Eupen**, die ehemalige Tuchmacherstadt, heute ein geschäftliches Zentrum Ostbelgiens. Das wohl sehenswerteste Denkmal in Eupen neben vielen Patrizierhäusern ist die St. Nikolaus-Pfarrkirche im Barockstil (1726) mit sehenswertem Hochaltar.

Oben: Im Venn – Unten: Weweler Kirche

Durch Eupens Unterstadt gelangt man über die Weserbrücke auf die N 68 und ein wenig weiter direkt in berauschende Waldlandschaften des Hertogenwaldes und der Vennregion.

Zauberhafte Naturlagen

Hier oben bei Baraque Michel, dem Zentrum des Hohen Venns, bietet sich ein erster Halt an. Zahlreiche Wanderwege und die Ausgangspunkte für Vennführungen laden zum Spazieren ein. Über Mont Rigi geht es hinab ins Tal nach Bévercé und Malmédy. Die nächste Station der Route ist Bellevaux - Ligneuville. Der gedrungene Bau der St. Aubain-Kirche stammt aus dem 16. Jahrhundert, sein Turm aus dem 12. Jahrhundert. Überhaupt stehen in Bellevaux einige der ältesten Gebäude der Ostkantone. Das Haus Maraite beispielsweise datiert aus dem Jahre 1592 und steht unter Denkmalschutz. Eine Kuriosität befindet sich auf dem dortigen Friedhof. Hier ruht eine geheimnisvolle Dame aus Paris, die nach einem Verbrechen im Affekt den Rest ihres Lebens als Mann verkleidet verbrachte. Ihr Name war Monsieur Hawarden. Mehrere Romane behandelten ihr Leben. Sofort ins Auge fällt das blumengeschmückte, mit Fachwerkfassade verzierte Gebäude des "Hotel du Moulin", einem der gastronomischen Kleinode der Region. In Bellevaux liegt auch romantisch ins Tal gebettet die **Brauerei Bellevaux**, wo hausgemachte Regionalbiere und Terroir-Produkte angeboten werden. Im Sommer mit lauschiger Terrasse im Hof. (www.brasseriedebellevaux.be) Zwischen Ligneuville und Malmedy, auf der Höhe von Baugnez, befindet sich das neue „Historical Center Baugnez 44, ein sehenswertes Museum zur Erinnerung an die Ardennenoffensive. Einen der schönsten Panoramablicke genießt man vom **Falize Felsen** aus über das Warchetal. Von Bellevaux aus kann man hier hinauf wandern.

Steine und Schinken

Danach geht es Richtung **Recht**, dem Ort des **Blausteins**. Geschliffener Bruchstein, Fenster- und Türrahmen, Kreuze und feine Bildhauerarbeiten sind lebendige Spuren eines Handwerks mit künstlerischer Ausdruckskraft. Die schicken Häuser mit dem vielseitigen Stein dieser Landschaften sind oft ein Augenschmaus. In Recht ist auch der neue Schieferstollen einen Besuch wert. 1908 ging hier der Untertagebau zu Ende. Besucher werden heute auf einer Länge von 400 Metern durch einen Stollen in das Herz der Rechter Erde geführt, einer monumentalen Höhle. Via Waimes, dem alten Marktort mit sehenswerter doppelschiffiger Kirche, und Amel erreicht man über die Venn- und Seenroute **Büllingen** (Landstraße N 658). Ein Abstecher nach St. Vith, dem lebhaften Zentrum Ostbelgiens, lohnt sich immer. Auf der Route zwischen Amel und St.Vith durch liebliche Naturlandschaften erhebt sich über den sanften Hügeln des Landes die pittoreske Silhouette der Kirche von Medell mit 44 Meter hohem Zwiebelturm weithin sichtbar.

Über grüne Pfade

Man befindet sich jetzt auf den Höhen Ostbelgiens. Von Büllingen nach Rocherath (mit 650 m NN höchst gelegenes Dorf Belgiens) sind es nur wenige Minuten. Wunderbare Wanderungen ins Holzwarchetal (z.B. ab Parkplatz **Enkelberger Mühle** zwischen Mürringen und Rocherath) entzücken die Naturfreunde in dieser Region vor allem auch zur Narzissenblüte. Zwei schlllernde Ausflugspole Ostbelgiens sind die Seen in Bütgenbach und Robertville, die den folgenden Teil der Rundfahrt charakterisieren. Sie waren schon immer Treffpunkt für viele Aktivurlauber und Wassersportler. Doch auch der Wanderer kommt dort auf seine Kosten. Zwischen den Seen fließt die Warche in seltener Ursprünglichkeit. Stille, Natürlichkeit und eine beachtliche Fauna sind besondere Reize im Warchetal. Wer eine ansprechende Herausforderung zum Wandern sucht, dem sei die neue Warche-Tour empfohlen. Eine Strecke, die stets dem Verlauf der Warche folgt und die beiden Seen verbindet. Da es sich um keinen Rundweg handelt, bleibt es dem Wanderer überlassen, ob er die elf Kilometer lange Strecke ganz bewältigt. Lohnenswert ist aber auch ein Teilstück wie das zwischen Bütgenbach und Weywertz. Die **„Warche-Tour“** kann in Bütgenbach, an der Grillhütte, unterhalb des Bahnviadukts am Ortsausgang Richtung Elsenborn begonnen werden. Der Weg ist in beide Richtungen mit Holzschildern ausgewiesen. Der Wegverlauf ist an vielen Stellen sehr naturbelassen, was ihn besonders auszeichnet. Manchmal auch steil an den Hängen des Warchetales orientiert, sodass ohne Holzgeländer kaum etwas geht. An der Wallbrücke in Weywertz etwa auf halber Etappe, wo der Wandersteig oberhalb der Warchetalhänge verläuft. So nah am Wasser, dass Stege angelegt sind, damit man trockenen Fußes seinen Weg fortsetzen kann, hautnah der Landschaft verbunden. Die Venn- und Seenroute führt über Robertville, dem Ort der legendären Burg Reinhardstein, über Kalterherberg und Mützenich durch fabelhafte Waldgebiete entlang der deutsch-belgischen Grenze bis nach Eupen zurück. Ebenso reizvoll ist eine Abkürzung der Strecke von Robertville über die N 676 via Sourbrodt zu den Höhen der Signal de Botrange mit dem einzigartigen Naturparkzentrum sowie Wander- und Spaziermöglichkeiten in phänomenaler Vennlandschaft. Die bizarren Konturen des Hohen Venns bleiben jedem im Erinnerung, der in dieser beeindruckenden Naturregion einmal war. Knorrige Moorbirken, Buschgruppen der Öhrchenweide, immer wieder vereinzelte Fichten und ausladende Ebereschen prägen das mystisch anmutende Bild der Moorgebiete. Von dort aus gelangt man wieder auf die N 68 nach Baraque Michel und nach Eupen.

Von Amel fahren wir über St. Vith (N 676) nach Rodt und machen dort Station. Ein kurioses Museum (Am Kreisverkehr in St. Vith an der Autobahnabfahrt ausgeschidert: Biermuseum) steht nun auf dem Programm.

Eine Skihütte, die es in sich hat

Wer nach einem ausgedehnten Spaziergang, einer Ski-Langlauf- oder Rodel -Tour in die gemütliche und komfortable Skihütte einkehrt, wird sich im wahrsten Sinne des Wortes umschauen. Die Wände der Hütte sind komplett mit Vitrinen dekoriert, die akribisch, alphabetisch nach Ländern sortiert, wie in einer Bibliothek, sage und schreibe 4.000 verschiedene Bierflaschen beherbergen. Das Ambiente versetzt einen einfach nur ins Staunen. Das Rodter Biermuseum ist ein besonderer Ort der Geselligkeit, der Einkehr aus der herrlichen Natur in eine heimelige Atmosphäre. Auf den Höhen des **Tomberg bei Rodt** begann alles bereits Mitte der siebziger Jahre. Schon damals betrieb man einen kleinen Skiverleih am Tomberg, als es hier noch viel mehr Schnee gab. Ende der achtziger Jahre nahmen die schneereichen Winter dann immer mehr ab und man suchte nach zusätzlichen Ideen und Alternativen für Freizeitangebote. Zu dieser Zeit war ein Herr Thomas aus Brüssel in den Ferien regelmäßiger Gast in dieser Region. Herr Thomas hatte ein besonderes Hobby, das Sammeln von Bierflaschen. Er besaß bereits eine stattliche Sammlung von 2.500 Flaschen aus der ganzen Welt. Es entstand die Idee diese Sammlung als Dekoration in die Skihütte zu integrieren und daraus eine Art Museum zu gestalten. Mittlerweile sind es 4.000 Flaschen und entsprechende Gläser aus 144 Ländern von 5 Kontinenten, die in der ausgebauten und modernisierten Skihütte ausgestellt sind. Die Leute aus Region und auch andere Gäste bringen aus nahen und fernen Urlaubsländern immer wieder mal eine neue Biersorte mit. Und ein Ende ist noch nicht abzusehen. Eine solche Institution wie das Biermuseum passt natürlich ins Land der Biere, das Belgien nun einmal ist. Und im Biermuseum kann man vortrefflich Verkostungen unternehmen, was in der geselligen Gruppe am meisten Spaß machen dürfte. Die langen einladenden Tische in diesem außergewöhnlichen Ambiente eignen sich bestens auch für die Spezialität des Hauses – das Grillen auf dem heißen Stein. Dazu gibt es acht Biere vom Fass und 70 Sorten Flaschenbiere zur Auswahl. Selbstverständlich sind die berühmten belgischen Abteibiere hier besonders präsent. Und beim Fachsimpeln über die Braukunst, Geschichte und Geschmack des Bieres kommt sicher die eine oder andere Anekdote zum Vorschein. Man erzählt zum Beispiel wie das starke Abteibier eigentlich entstand. Dass die Bier brauenden Mönche natürlich auch eine Menge des Gerstensaftes im Laufe des Tages zu sich nahmen, klingt verständlich. Dennoch störte es die Äbte zunehmend, dass ihre Mönche abends demnach angeheitert waren. Und so wurde von höherer Stelle ein Limit festgesetzt. Da sich die Mönche aber an eine gewisse „Stimmungslage" durch den Biergenuss gewöhnt hatten, hielten sie zwar die vorgegebene Menge ein, die sie trinken durften, erhöhten aber gleichzeitig die Stärke des Bieres auf sieben, acht und mehr Prozent. (www.biermuseum.be)

Winterausflüge und Hundeschlittenrennen

Ein zusammenhängendes Waldgebiet von 3.000 Hektar umgibt den Tomberg mit vielen Wander- und Radwanderwegen. Eine weitere Attraktion ist der Waldlehrpfad auf dem sich eine Vielzahl unterschiedlichster Laub- und Nadelbäume (zirka 32 verschiedene, darunter eine stolze 500 Jahre alte Rodter Buche!) befinden sowie Sträucher aus der ganzen Welt. Der Waldlehrpfad erstreckt sich über eine Gesamtlänge von 2,5 km. Da der Weg komplett befestigt ist, ist er auch mit Kinderwagen und Rollstühlen begehbar. Die einzelnen Erklärungstafeln sind allesamt in drei Sprachen (DE-FR-NL) verfasst. Das Wintersportzentrum verfügt über 1.200 Skiausrüstungen, drei verschiedene Loipen (5, 10, 15 km) und eine kleinere Wanderstrecke (für Eltern mit Kindern). Ein Winter-High-Light ist das jährliche Hundeschlittenrennen am ersten Wochenende im Februar. Geführte Wanderungen mit Förstern für Schulen und Gruppen sind auf Anfrage möglich. Das Freizeitzentrum in Rodt ist zu jeder Jahreszeit ein Erlebnis, der große überdachte Grillplatz kann angemietet werden.

Von St. Vith geht unser Ausflug via N 62 über Thommen und Oudler nach Burg Reuland und ins Tal der Our, im südlichsten Zipfel Ostbelgiens im Dreiländereck Deutschland, Belgien, Luxemburg.

Den Augenblick genießen auf der Route durch den Süden Ostbelgiens
Rund um St. Vith verläuft die traditionsreiche **Ourtal-Route** durch Naturflecken, malerische Weiler und Orte wie **Ouren**, das weiße Dorf im **Dreiländereck.** Über diese Route kann der Besucher mit dem PKW tief in die Landschaften Ostbelgiens vordringen und so manches Kleinod entdecken, an verschiedenen exponierten Punkten Halt machen, um sich an der Ruhe und Beschaulichkeit der Region zu erfreuen. Hier legt man beim Fahren wie beim Spazierengehen automatisch einen langsameren Gang ein, denn es lohnt sich diese Atmosphäre, die gute Luft, die Düfte, die wohltuende Stille, das Lebensgefühl aufzunehmen. Die Gesamtstrecke der Rundfahrt beträgt etwa 100 Kilometer. Anhand von sechseckigen Hinweisschildern (Ourtal Route) ist sie gekennzeichnet. „Man sollte sich Zeit nehmen, die Tour ruhig an zwei Tagen absolvieren, denn es geht durch ländliche Gegenden, abseits vom großen Tourismusaufkommen, mit vielen, manchmal unscheinbaren Sehenswürdigkeiten“ betont Reiseleiterin Karin Heindrichs. „Die beschilderte Ourtal-Route verläuft manchmal in der Nähe der sehenswerten Orte vorbei, sodass man einen kleinen Abstecher dorthin machen muss“. Ein idealer Ausgangsort ist St. Vith, das geschäftige Zentrum Ostbelgiens, ein charmantes Städtchen mit hübschen Geschäften und einigen guten Hotel-Restaurants. Von St. Vith über Wallerode und Meyerode führt die Route nach Amel. An **Eibertingen, Möderscheid, Valender** und **Mirfeld** vorbei erreicht man **Heppenbach, Honsfeld, Büllingen** und **Buchholz** und das Quellgebiet der Our mit ausgedehnten Wäldern. Bereits im 9. Jahrhundert wurde Büllingen erwähnt, wo früher die alte Römerstraße von Köln nach Reims verlief. „Die Eligius-Kirche ist ein bemerkenswertes, architektonisches Meisterstück, einer der wenigen noch erhaltenen Einstützkirchen“, sagt Karin Heindrichs, „wirklich sehenswert. Auffallend ist die achteckige Säule aus rotem Sandstein in der Mitte der Kirche, die das ganze Gewölbe zu tragen scheint“. Von den Höhen Büllingens bieten sich Wandergelegenheiten zu den Schönheiten Ostbelgiens, zu denen das Tal der Holzwarche gehört. Im Frühjahr blühen hier Narzissenfelder.

Fluss der drei Grenzen

Über Buchholz verläuft die Strecke nach **Losheimergraben** im deutschbelgischen Grenzgebiet. Hier in der Nähe des **"Weißenstein"** (zweithöchster Punkt Belgiens mit 692 m) entspringt die Our. Die Quelle ist ein Sumpfgebiet und liegt auf einer Höhe von ca. 600 m in einem Fichtenwald, unterhalb von Losheimergraben, 100 Meter von der Grenze entfernt und unweit der Wasserscheide zwischen Maas und Rhein. An der Mündung bei Wallendorf auf der Grenze zwischen Deutschland und Luxemburg, dort wo die Our in die Sauer fließt, beträgt die Höhe des Flusses über dem Meeresspiegel nur noch 178 m. Bis Ouren (Höhe 332 m) hat die Our ein durchschnittliches Gefälle von 7 Meter pro Kilometer; ab Ouren bis Wallendorf sind es lediglich 3 Meter. Sie schlängelt sich sozusagen entlang der belgisch-deutschen Grenze bis zum Dreiländereck in Ouren. Als kleiner Fluss verlässt sie Belgien, um Deutschland und Luxemburg bis zur Mündung in die Sauer bei Wallendorf zu trennen.

Ausblicke und Erlebniswelten

45 Ortschaften mit ihren knapp 5.000 Einwohnern entlang der ca. 90 km langen Our sind Gastgeber für viele Erholungssuchende. Die Bannkraft der Natur, Charme und Herzlichkeit sind Trumpf in dieser liebenswerten Region. Es folgt **Manderfeld** auf der Route und die Möglichkeit nach Hergersberg abzubiegen zu außergewöhnlichen Erlebniswelten. Die berühmte internationale Kirchenkrippenausstellung **„ArsKrippana"** ist das ganze Jahr einen Besuch wert, sie ist eine der bedeutendsten Krippenausstellungen Europas mit Exponaten und Künstlern aus aller Welt. ArsFigura stellt das Flair der Kaiserzeit in einem nachempfundenen Stadtviertel in den Mittelpunkt, inklusive Wohnstuben und Kaufmannsladen sowie mit meisterlicher Figurenkunst von damals und heute. Die ArsTecnica ist eine der ersten digitalen Modelleisenbahnen Europas mit über 2.000 m Gleisen und über 100 Zügen. Zum oberen Ourtal gehört Krewinkel, das östlichste Dorf Belgiens sowie Schönberg, ein romantischer Flecken zwischen Wiesenlandschaften entlang der Our. „Hier ist die Heimat der Schokoladenkünstler Axel und Lothar Hanf, die mit ‚**Belgian Chocolate Design‘**, insbesondere mit ihren Pralinenkreationen, international für Furore sorgen, eine echte Versuchung", schwärmt Karin Heindrichs. Über die Orte **Heuem, Atzerath, Mackenbach, Setz, Schlierbach** und **Alfersteg** verläuft die Route schließlich an den Lauf der Our heran. Die Windungen der Our markieren ab Steinebrück einige Zeit die natürli-

che Grenze zwischen Deutschland und Belgien und erreichen Lommersweiler, den Pilgerort des Heiligen Willibrord mit der schönen Kirche aus dem Jahre 1924. Immer wieder bieten sich famose Fernblicke von den bewaldeten Höhen über die deutsche Hocheifel und man wird geradezu eingeladen, die dichtgrünen Täler der Umgebung zu erwandern. Über Bracht gelangt man auf der Ourtal-Route nun nach **Burg Reuland** am Zusammenfluss von Ulf und Our. Der mittelalterliche Ort ist durch seine Burgruine in malerischer Lage hoch über dem grünen Panorama geprägt. Teile der Burgruine wurden renoviert. „Von der Burg und vom Burgturm aus hat man einen tollen Blick über die dichtgedrängten Häuser und das Tal unterhalb des Felsvorsprungs", sagt Karin Heindrichs. Das Hotel Val de l'Our in Burg-Reuland liegt sehr ruhig in der Natur am Lauf der Ulf. Das Haus verfügt zudem über das stilvolle Restaurant „De Mangerie" mit empfehlenswerter Küche und schönem Ambiente. (www.valdelour.be)

Weißes Dorf im romantischen Tal

Nach Ouren sind es nur wenige Minuten vorbei an **Weweler**, dem Ort mit der weißen St. Hubertuskapelle, deren Turm aus dem Grün der sanften Hügel weithin sichtbar ins Auge fällt. Es folgt Ouren, das beliebte Ausflugsziel am belgisch-deutsch-luxemburgischen Dreiländereck, über den schönsten Streckenabschnitt. Von Bergkuppen ergeben sich Ausblicke auf die seicht dahinfließende Our und ihr dichtgrünes Tal wie im Weiler Oberhausen. Man fühlt sich wie in der Natur und Stille eines kleinen Alpentales. Ouren, das Dorf mit seinen vielen weißen Häusern ist ein romantischer Flecken. Hier im südlichen Teil hat der Wanderer die einzigartige Möglichkeit durch wunderschöne Naturgegebenheiten zwischen und entlang der Grenzen dreier Länder zu streifen. Während das Tal des Federbaches bei Stubach ganz auf belgischer Seite erwandert werden kann, folgt man dem Lauf des Schiebaches zwischen Ouren und dem luxemburgischen Leithum durch zwei Länder. Ein Wanderweg führt auch am **Rittersprungfelsen** vorbei. Der Legende nach ist der Name dieses Felsens darauf zurückzuführen, dass bereits zu Ritterszeiten der Gott Amor seine Finger im Spiel hatte. Ein Raubritter war in die Gemahlin des Ritters von Ouren verliebt. Er entführte sie und wurde jedoch von den Verfolgern gestellt, sodass er sie beide nur mit einem kühnen Sprung seines Pferdes vom Felsen in die Fluten der Our retten konnte. An der Brücke ein Stück weiter vom Felsen weg geht es links ab, an einem kleinen Bach vorbei auf einen Wanderweg nach Ouren zurück. Am

Ortsrand von Ouren nahe der luxemburgischen Grenze liegt der **Dreiländerpunkt** mit den sechs Megalithen als Symbol für die Gründerstaaten der Europäischen Union (1977 errichtet). Die Our eignet sich hervorragend zum Angeln und man trifft fast jederzeit Angler an den Ufern. Von Ouren über Lieler, Weiswampach, Malscheid, Oudler, Grüfflingen und Crombach schließt sich die Runde wieder bei St. Vith.

Wander-Tipp

Zwischen Ouren, Leithum (Luxemburg), Stubach und Welchenhausen (Deutschland) haben Wanderer Gelegenheit den Bachläufen des Schiebachs, Reibachs und des Federbachs zu folgen und der Our selber zwischen, entlang und nahe der drei Grenzen. Ausgangspunkt für viele Wanderrundwege ist das Zentrum von Ouren, wo ein Schild die Karte der Umgebung und die unterschiedlich markierten Wege anzeigt. Ein Wanderweg von zirka 9 Kilometern führt durch teils hügeliges Waldgelände mit Blicken auf das Ourtal. Er ist durch eine weiße Raute mit blauem Kreuz gekennzeichnet. Startpunkt ist am Ufer der Our im Zentrum von Ouren. Man wendet sich in Richtung Kirche über die Ourbrücke aus dem Ort heraus über die leicht ansteigende Straße nach Burg Reuland. Nach einigen hundert Meter erreicht man das Rittersprungdenkmal mit dem bizarren Felsen oberhalb der Our. An der Brücke geht es links ab, an einem kleinen Bach vorbei, in ein dichtes, bewaldetes kleines Tal hinein. Nach etwa zwei Kilometern macht der Weg eine Biegung zurück Richtung Ouren und man geht über Waldwege bergan über eine Hügelkette. Sie neigt sich später Richtung Reibach abwärts durch Fichtenwälder und mit Ginster bestandenen Weg. Die Route parallel des Reibachs führt dann zum Dreiländerpunkt mit den sechs Megalithen als Symbol für die Gründerstaaten der Europäischen Union (1977 errichtet). Man befindet sich hier im weiten Tal der Our. Der Wanderweg folgt den sanften Mäandern durch eine liebliche Landschaft und führt schließlich von der anderen Seite zurück ins Ortszentrum.

Burg-Reuland/Ulftal

Ouren

ROUTE 3

Durch die Wälder zu den Quellen der Wellness

Spa wie „Spa"ziergänge

Eigentlich zu jeder Jahreszeit bietet sich ein Ausflug nach Malmedy an. In den wärmeren Monaten lockt der Ort mit vielen Festen und gemütlichen Straßencafés, seine Umgebung lädt zum Spazieren und Erleben unvergleichlicher Natur ein. Wir nehmen die Anfahrt über Eupen (N 68) durch den Hertogenwald, über die Höhen des Venns nach Mont Rigi und hinab ins Tal nach Malmedy. Wer es schneller hin mag, nimmt die Autobahn E 40 Aachen-Lüttich, Abfahrt Verviers/St.Vith und folgt der E 42 bis zur Abfahrt Malmedy. Am Kreisverkehr hält man sich links und folgt der Straße bergab in den Ort hinein. Schon weithin sichtbar prägt die Silhouette der doppeltürmigen Kathedrale die Silhouette der Stadt am Fuße der bewaldeten Ardennenhöhen. Dieses großartige Bauwerk wurde zwischen 1775 und 1784 errichtet und den Heiligen Petrus, Paulus und Quirinus gewidmet. Das hübsche Städtchen in einem waldreichen Tal gelegen, dort wo die Warche und die Warchenne zusammenfließen, entzückt durch seine Vielseitigkeit in Punkto Natur, Stadtbummel und Veranstaltungen, vom Fest des Riesenomeletts (15.8.) über den Blumenmarkt bis zum Karneval.

Wo das historische und kulturelle Herz Malmedys schlägt

Seit dem 7. Jahrhundert ist Malmedy Stätte eines bedeutenden Benediktiner Klosters gewesen, um das sich die Stadt entwickelt hat. Große Brände 1521, 1689 und 1782 zerstörten das Gebäudeensemble. Guillaume de Manderscheidt war es, der 1521 den Wiederaufbau vorantrieb und den Turm der Abteikirche rekonstruieren ließ. Die heutigen Gebäude der ehemaligen Abtei, aus Bruchstein der Region in harmonischer Form restauriert, gruppieren sich um den großen Klosterhof mit Kreuzgang und stammen aus dem 18. Jahrhundert. In diese imposanten Gebäude ist nun das **Malmundarium** (lat. Name für Malmedy) integriert worden. Die Architektur ist wie geschaffen als Rahmen für Kunst und Kultur. Auf einer Fläche von 3.000 m², verteilt auf Parterre und Dachgeschoss, taucht der Besucher in die Vergangenheit und die Gegenwart Malmedys ein. Das Konzept der insgesamt zehn Attraktionen unter einem Dach ist innovativ, multifunktional, interaktiv und spielerisch zugleich. Neben einem Informations- und Dokumentationszentrum befinden sich rund um den Klostergang weitere Attraktionen. Darunter die Kunstgalerie “MON’ART” für Ausstellungen und ein Lederatelier, in der die ganze Bandbreite der Welt der Lederherstellung in Szene gesetzt wird. Im Papieratelier erfährt man Wissenswertes über die Geschichte dieses für Malmedy einst bedeutenden Industriezweigs. Highlights sind das Papierschöpfen vor Ort (für Gruppen), die Miniatur-Papiermaschine, das Modell einer ehemaligen Papiermühle und eine interaktive Säule zum Verständnis der Papierherstellungsverfahren. Gleich nebenan Tradition pur. Masken- und Kostümherstellung kann man im Atelier des Karnevals nachvollziehen. Hier sind auch die berühmten Malmedyer Karnevalsfiguren mit ihren Masken und Kostümen zu bewundern (insgesamt 15). Das Dachgeschoss ist zum „Historium“ umgestaltet worden. Mit dem Aufzug gelangt man problemlos hinauf und in die Geschichte Malmedys mit Ausstellungsräumen und vielen zeitgeschichtlichen Dokumenten, beherbergt unter der Holzbalkenarchitektur auf einem Weg voller Besonderheiten wie dem sprechenden Kopf des heiligen Remaklus.

Schatzkammer und Kathedrale

Ebenfalls am Innenhof zwischen ehemaliger Abtei und Kathedrale liegt die Schatzkammer mit außergewöhnlichen Stücken religiöser Kunst. Die Schatzkammer der Kathedrale wurde 2005 eröffnet. In der Nähe des Chors installiert, zeigen die Räumlichkeiten eine reiche Sammlung an Werken aus der Kathedrale, aber auch Reliquien aus der ehemaligen Pfarrkirche Saint-Géréon, aus der Kirchen von Bellevaux und Pont sowie Leihgaben von Sammlern und Schenkungen. Eine bedeutende und wertvolle Skulptur des Kirchenschatzes ist die Statue des Saint Aubin (um 1320). Sehenswert auch der Hochaltar von Wandre (Lüttich) mit der Reliquienbüste des Saint Géréon. Der Garten der Schatzkammer ist ein romantischer und friedlicher Flecken mit einer wunderschönen Säule, einem Kalvarienberg mit Schieferstein aus dem Jahre 1762 und einem Taufbecken aus dem 16. Jahrhundert als Fontäne. Das Wahrzeichen Malmédys ist die doppeltürmige Kathedrale, zwischen 1775 und 1784 als Abteikirche erbaut und 1921-1924 zur Kathedrale für das Bistum Eupen-Malmédy erhoben. Sie wurde 1784 den Heiligen, Petrus, Paulus und Quirinus gewidmet, dessen Reliquienschrein hier aufbewahrt wird. Sie fasziniert durch die Helligkeit der Farbe Weiß, ihre klaren Linien, Homogenität und Reinheit des strengen Purismus. Diskrete Details von hoher Kunst kennzeichnen sie. Die leuchtend weiße Kuppel, der Chor und der marmorne Hauptaltar aus dem Jahr 1877 bilden ein harmonisches Bild. Wunderschöne Statuen u.a. von F.J. Duckers und Jean Delcour (Jungfrau mit Kind) ziehen die Blicke an. (www.malmundarium.be)

Auf der Umgehungsstraße um den Rennkurs (früher konnte man direkt über die Rennstrecke fahren) gelangen wir dann **nach Francorchamps und via N 62 nach Spa.**

Spa – ein Legende frischt sich auf

Der Clou in Spa– das Palace Hotel der SAS Radisson Gruppe ist mit einer eigenen Kabinenbahn von außen direkt mit den Thermen hoch oben auf dem Hügel verbunden. Gleichzeitig können mit einer parallel laufenden Kabine die Besucher Spas vom Zentrum aus diese erreichen. Auf dem Hügel über dem Zentrum entstand ein modernes Thermalzentrum mit multi-funktionalen Kuranwendungen und Thermalbad mit Wellnessbereich. Schön war die Zeit, wo illustre Persönlichkeiten von Casanova bis Peter dem Großen, der 1717 nach Spa kam, sich in das Goldene Buch der Stadt eintrugen, welches ein Fresko darstellt und im bekanntesten Brunnenbau der Stadt, dem Peters des Großen, **(Pouhan Pierre Le Grand)** direkt gegenüber dem Casino zu bewundern ist (Das Gebäude wird originalgetreu wieder aufgebaut). Gleich nebenan liegt der Pouhon Prince de Condé mit seiner modernen Glaspyramide. Im 17. und 18. Jahrhundert, wo die feine Gesellschaft zum Kuren im ehrwürdigen Palast Hôtel logierte und zum Spielen ins nostalgische Casino (der ursprüngliche Bau geht auf die Jahre 1762/63 zurück) flanierte, galt Spa als die „Perle der Ardennen“ als „Café Europas“. Lange wurde aus dem legendären „Rien ne va plus“ immer mehr ein biederes „Bingo“ und italienische Nobelkarossen sah man allerhöchstens an den Spa Ferrari Days auf dem berühmten Rennkurs der Stadt. Doch Spa steuert auf eine vielversprechende Zukunft hin. Seine Mineralwässer sind unter gleichem Namen berühmt ebenso wie Spa zum allgemeinen Begriff für Wellness weltweit wurde. Das Luxushotel mit 120 vortrefflich ausgestatteten Zimmern und Suiten sowie dem Restaurant „O2 – Source d' Oxygène“ und der Brasserie „Les Saisons de Spa“ mit Terrasse direkt am nostalgischen Kurpark „Sept Heures“ ist nicht nur eine Reminiszenz an Kurtraditionen und Wohlbefinden im wahrsten Sinne. Flaneure genießen in Spa die Spaziergänge durch den Kurpark oder einen Shopping-Rundgang durch die Geschäfte, die auch sonntags geöffnet haben.

Malmundarium

Kabinenbahn zur Therme von Spa

Andere erklimmen den steilen Treppenweg hinauf zum Hügel „Annette et Lubin", wo der neue Thermenkomplex über dem Ort thront oder nehmen die Kabinenbahn. Belohnt wird man mit einer herrlichen Aussicht auf die Silhouette Spas, das mitten im Grünen liegt. Rund um Spa liegen die berühmten Quellenorte in weitläufigen Buchenwäldern, die im Sommer dichte grüne Dächer über Straßen und Wegen bilden. Ein Naturidyll, das sich lohnt zu entdecken. Es gibt viele verschiedene Wanderwege, welche unter anderem von Quellenort zu Quellenort führen. Ausgangspunkt ist entweder das Office du Tourisme im Pavillon am Kurpark oder aber auch die Parkplätze an den Quellenorten selber, wo man bequem parken kann. Die zwei romantischsten Quellenorte, wo es jeweils auch Gastronomie gibt, erreicht man über die so genannte Quellenroute (Route des Sources). Von Spa Zentrum am Kurpark über die Place du Monument und durch die Geschäftsstraßen über die Rue de Barisart verlässt man Spa in die schönen Wälder. Die Straße steigt stetig bergan. Der erste Halt ist die **Fontaine de Barisart**. An der Quelle liegt ein Restaurant/Café mit Gartenterrasse im Schatten mächtiger Bäume. Die zweite Station ist die **Fontaine de Géronstère.** Man folgt der Route von Barisart hinauf auf die Höhe. Die Quelle von Geronstère besteht bereits seit dem 16. Jahrhundert. Schon Zar Peter der Große erfuhr 1717 die Heilkraft dieser Quellen und trug spürbar zu ihrem Renommé bei. Der Ort inmitten der herrlichen Natur ist eines der schönsten Ausflugsziele in Spa. Unterhalb des Hauptgebäudes sprudelt die sehr eisenhaltige Quelle in einem mit Bruchsteinen eingefassten Innenhof unter einem steinernen Säulen-Pavillon. Das ganze Ensemble wurde von der Stadt Spa 1979 renoviert. Auf der großen Terrasse erfreut man sich bei Kaffee, sehr gutem belgischem Kuchen und warmen Gerichten des Naturambientes. Viele Ausflügler kehren hier ein, die in der Umgebung spazieren, wandern oder radfahren. Gleich hinter dem Bruchsteingebäude des Restaurants beginnt der Meyerbeer-Spazierweg hinab nach Barisart. Von Géronstère aus kann man über die Route des Fontaines (direkt vis-à-vis der Einfahrt) im Schutz der Buchenbäume in Richtung Fontaine de la Sauvenière weiterfahren. Hier gibt es auch ein Arboretum. Links und rechts gehen weitere Spazierwege ab. Sie folgen Quellbächen wie dem Pendu. Diese Wege wurden teilweise vor mehr als hundert Jahren angelegt. Über die Hauptstraße biegt man an der **Fontaine de la Sauvenière** direkt rechts wieder Richtung **Fontaine de Tonnelet** ab (Beschilderung beachten). Der Weg führt zurück nach Spa durch ein altes Villenviertel. Die herrschaftlichen Häuser zeugen vom Glanz vergangener Epochen. Mitten in diesen Grüngürteln geben sie eine wahre Augenweide ab. Auf der Höhe der **"Domaine de Bérinzenne"** bei zirka 600 Metern NN wenige Fahrtminuten weiter gelangt man ins Waldmuseum mit Biotop und Barbecue-Areal. Begeisternd sind die Aussichten vom Turm der Domäne über die Ausläufer des Hohen Venns bis hinüber ins Lütticher Land. Hier im "Fagne de Malchamps" sind unterschiedlich aufwändige Wanderungen zwischen 1,5 und 4,5 Stunden möglich. Anhand von Hinweisschildern erfährt der Besucher gleichzeitig Lehrreiches über die besondere Fauna und Flora dieser fesselnden Naturlandschaft. (www.berinzenne.be)

Wander-Tipp

Hinter der Géronstère beginnt ein reizvoller Spazierweg. ***Die „Promenade Meyerbeer"*** *ist nach einem bekannten Opernkomponisten des 19. Jahrhunderts benannt, der oft in Spa weilte. Der Weg verbindet die beiden Quellenorte Barisart und Géronstère, das weiter oben auf der Route liegt. Der Bach Barisart ist ständiger Begleiter auf diesem Spaziergang. Das helle Grün der unzähligen Buchenkronen verleiht dem Wald bei Sonnenschein eine besondere Aura. Die Stille der Natur wird durch die stete Melodie des rauschenden Baches untermalt. Bänke laden dazu ein, die Atmosphäre zu genießen. Eine zauberhafte Stimmung nur ein paar Schritte von den Ausflugszielen entfernt. Typisch ist die ockerrote Farbe des Quellbaches. Größere Felsbrocken verteilen sich im Bachbett. Man passiert alte Holzbrücken (Vorsicht vor der Glätte bei Feuchtigkeit) und geht auf der anderen Seite am Bach entlang. Kurz vor Géronstère trifft man auf die alte Steinbrücke. Unter ihr stürzt der Bach in mehreren Kaskaden und bahnt sich den Weg zwischen trotzigen Steinblöcken hinab ins Tal.*

Bed & Breakfast

Die Villenarchitektur Spas bietet sich für unvergessliche, charmante Aufenthalte in Bed & Breakfasts an, stilvolle Alternativen zum Hotel. Hier einige einladende Web-Adressen: www.lavigie.be; www.etapefagnarde.be; www.lachamboise.be; www.bretts.be; www.villasanssoucis.eu

ROUTE 4

Das Herver Land bis vor die Tore Lüttichs

Eine kulturreiche und landschaftlich reizvolle Reise nach Lüttich

Wir haben uns einmal vorgenommen auf dem Weg nach Lüttich von der E 40 in Eupen/Welkenraedt abzufahren (via N 67) und durch das Herver Land zu „bummeln". Egal von welcher Ecke man kommt, es gibt viel zu entdecken, zu erleben und zu probieren. Kaum eine Region ist so charmant und landschaftlich reizvoll wie das Herver Land und seine Umgebung. Die sanfte Hügellandschaft trägt schon ein wenig toskanische Züge. Man sollte sich etwas Zeit nehmen und ein wenig Geduld einplanen, denn in dieser grandiosen Landschaft liegt so manches architektonische Kleinod verborgen, das einmal „aufgespürt" sein will. Zuerst kommen wir über Henri-Chapelle via N 608 nach Hombourg mit dem imposanten amerikanischen Militärfriedhof. In der kleinen Brauereikneipe **„Grain d'orge"** in Hombourg werden Spezialbiere ausgeschänkt wie das „Joup" und das „Brice". Insgesamt sind es bereits 15 Sorten Gerstensaft, die der Einmannbetrieb produziert. Es handelt sich ausschließlich um „lebende Biere", das heißt um obergärige Biere, die längere Zeit nachfermentieren, was ihren außergewöhnlichen Geschmack, ihre Haltbarkeit und auch den gesunden Bodensatz der Hefeextrakte ausmacht. Im „Grain d'Orge (Gerstenkorn) sind die beiden Biere Joup und Brice zu Markenzeichen geworden. Man erkennt die beiden Starkbiere an ihren originellen und lustigen Illustrationen auf den Etiketten, auch eine Idee von Benoît Johnen. Neben den beiden Hausmarken braut Johnen noch dreizehn weitere Biersorten für andere Gastronomen im Dreiländereck Belgien, Deutschland, Niederlande. Dazu zählen das originelle „3 Schtèng" (3 Säulen) mit dem Zeichen der drei Grenzsteinsäulen, welche das Dreiländereck assoziieren. Dazu kommt eine weitere regionale Spezialität, das „Hervoise", ein süßlich fruchtiges Bier, das mit dem berühmten Herver Sirup aromatisiert wird. Wer das „Gerstenkorn" betritt, dem fällt sofort die riesige kupferne „Haube" eines Braukessels über der Theke auf, ebenfalls ein Markenzeichen der Mikrobrauerei. Im Sommer sitzen die Gäste in pittoresker Atmosphäre der alten Bruchsteinhäuser von Hombourg auf der Terrasse und genießen kleine Speisen zu schmackhaften handwerklich produzierten Bieren bei Benoît und Viviane Johnen. (Centre 16, B-4852 Hombourg; Tel.: 0032 (0) 87 78 77 84; http://brasserie.grain-dorge.com).

Von Hombourg führt uns unser Weg dann weiter nach Aubel, einem charmanten kleinen Ort mit viel Flair.

Kulinarische Attraktionen

Der Aubeler Sonntagsmarkt, eine schwelgerische Angelegenheit

Mit einem wuchtigen Messer tranchiert die Marktfrau aus Jupille vor Aroma und Geschmack strotzende dicke Scheiben von einem immensen Knochenschinken. „Le vrai jambon à l'os", der einzig wahre gekochte Schinken, preist sie an und lässt es sich nicht nehmen zwischendurch ein Liedchen zu trällern. Urig und originell, typisch belgisch mit viel Gelassenheit und Lebensart geht es auf dem Aubeler Sonntagsmarkt zu. Gemüse, Obst, Blumen, Käse, Fleisch- und Wurstwaren in großer Fülle, regionales Bier, Brotsorten und viele andere Spezialitäten locken in den Marktständen. Man fühlt sich ein wenig in den Süden versetzt, wenn das Wetter sein übriges tut und die Besucher nach einem Einkaufsbummel an den Ständen vorbei zum Aperitif in die Cafés und Restaurants strömen. Relaxen und genießen auf belgisch ist hier angesagt. Am 28. August 1630 bereits gewährt Philipp IV von Spanien als damaliger Herrscher den Einwohnern von Aubel das Recht im Ort einen wöchentlichen Markt abzuhalten. Zunächst ist das nur ein Kornmarkt, der sich schnell um einen Butter- und Viehmarkt erweitert. Heute sind es die vielen Frischeprodukte der Region, die den Markt so verführerisch machen. Man spürt die Liebe und Leidenschaft, welche die Menschen den heimischen Produkten entgegen bringen, die auf diesem Markt angeboten werden. Da kann dem Liebhaber guter Lebensmittel schon warm ums Herz werden. Kalorienbedenken kann man getrost beiseite schieben. Die feinen Sachen aus dem Herver Land, allen voran der Herver Käse, werden nach handwerklich traditionellen Methoden hergestellt. Eine Bruderschaft des Herver Käses (Confrérie de Herve) kümmert sich um das Fortbestehen und die Entwicklung dieses Schatzes, ein von Menschenhand und der Natur geschaffenes Stück kulinarischer Kultur. Auch die Butter ist eine Aubeler Gaumenfreude. Die fruchtbaren Böden der Region mit ihren saftigen Gräsern sind Voraussetzung für eine Rinderzucht, deren Tiere Produkte höchster Qualität liefern. Der „Lev'gos", in der Terrine oder gebraten, als Wurst oder Aufschnitt ist eine typische Leckerei der Region. Die Wurst mit süßlicher Note (mit Korinthen gefüllt) wird seit Generationen liebevoll hergestellt. Seit dem 17. Jahrhundert wird im Herver Land Apfel- und Birnensirup produziert. Für 1 kg Sirup werden 8 kg Früchte benötigt, 80 % Birnen und 20%

Äpfel. Wo viel Obst vorherrscht, darf der Cidre nicht fehlen. Ein erfrischendes Getränk, das heute in Thimister hergestellt wird (Cidrerie Ruwet). Léon Stassen in Aubel (1895) und Joseph Ruwet (1898) waren die ersten, die ihn im Herver Land produzierten. **Nach Val-Dieu sind es nur vier Kilometer.**

Val Dieu

Der zauberhafte Ort liegt am Zusammenfluss der Bel und der Berwinne mit der Zisterzienser-Abtei von 1216 und ihrer schönen Klosterkirche Notre Dame, die viermal in ihrer Geschichte wieder aufgebaut werden musste. Am Wochenende ist meistens viel los. Empfehlenswerter ist ein Besuch wochentags. Dann kann man mit mehr Ruhe besichtigen und anschließend eine der schmackhaften, rustikalen Käse- oder Wurstplatten mit den Spezialitäten des Herver Landes genießen. Sehr originell ist das Café/Restaurant **„Moulin du Val Dieu"** in den restaurierten Gebäuden der ehemaligen Kornmühle, im Winter mit großem offenem Kamin und im Sommer mit großer Gartenterrasse. Dort sind drei Restaurants verschiedener Kategorie untergebracht vom Snack bis zum gediegenen kulinarischen Genuss im rustikalen Ambiente mit schwerem Gebälk und Bruchsteinverarbeitungen. Der untere Bereich mit dem großen Mühlstein ist gleichzeitig ein Museum, wo man auch Spezialitäten der Region wie Käse, Bier, Sirup, Gänseleber, Pasteten etc. kaufen kann. In Val Dieu selbst wird Bier und Käse hergestellt, der „Val-Dieu“ und der cremige „Le Bouquet des Moines“. Die „Casse-Croute“ (Snack-Bar) ist in den ehemaligen Stallungsgebäuden untergebracht, sehr originell, hier gibt es einfache Gerichte mit Selbstbedienung. Aus dem Tal heraus lässt sich durch die Wiesengründe mit romantischen Ausblicken prima nach Aubel und zurück wandern. (Wanderkarten im Shop am Kloster Val-Dieu).

Die Route (N 648) führt uns nun nach Clermont-sur-Berwinne.

Clermont

Über die Hauptstraße dieses Kleinods fahren wir mitten unter dem schmucken Rathaus von 1888 hindurch, welches den Mittelpunkt des kleinen Platzes im Zentrum bildet, direkt gegenüber der alten Kirche aus dem 17. Jahrhundert mit dem angrenzenden Friedhof. Obwohl längst kein Geheimtipp mehr, so ist doch die Kulisse dieses Miniaturdorfes immer wieder eine Augenweide und die Atmosphäre an Romantik kaum zu überbieten. **Thimister** heißt der nächste Ort der Route. Über Battice erreicht man geradewegs

Herve, die Hauptstadt des gleichnamigen, berühmten Käses. Bis zum 16. Jahrhundert besaß das Herver Land zahlreiche Kornfelder. Als der französische König Karl V. die Getreidezufuhr verbot, stellten die Bauern auf Milchwirtschaft um. Es war fortan ihr Ziel, einen für den Export geeigneten, daher haltbaren Käse, herzustellen. So entstand der Herver Käse, der seit 1996 das Qualitätslabel AOP (Appelation d'Origine Protégée), eine geschützte Herkunftsbezeichnung, tragen darf. Der „Fromage de Herve“ ist ein Weichkäse aus pasteurisierter Kuhmilch mit gewaschener Rinde. Ihn gibt es in milder und pikanter Geschmacksvariante, zu erkennen an der Verpackung (grün/gold für mild und rot/gold für pikant).

Herve – genussreiche Lebensart am „Platz des Geschmacks“
Die Komposition des Herver mit einer perfekten Zutat wie dem Lütticher Sirup aus Äpfeln und Birnen, beides auf Brot der Region, nach Gusto mit herrlicher belgischer Butter, ist unwiderstehlich. Der Sirup stammt natürlich auch aus dieser obstreichen Gegend, vor allen Dingen aus Aubel. Einen Überblick über alle besonderen Produkte des kulinarischen Paradieses

Herver Land bekommt der Besucher im „Platz des Geschmacks“, dem „Place des Saveurs“ in Herve. Er ist im Gebäude des Tourismusbüros untergebracht. Hier sind zudem verschiedene Ausstellungen zu sehen und ein kleines Restaurant bietet ansprechende Gerichte mit Herver Spezialitäten. Handwerklich hergestellte Produkte dieser Region wie Käse, Sirup, Bier, Schokolade, Cidre oder Blutwurst mit Rosinen können dort erworben werden. Im Zentrum von Herve biegt die Straße nach Bolland ab, das einige schöne, typische Bruchsteinhäuser aus dem 18. Jahrhundert besitzt, die sich an der Bolland, einem Nebenflüsschen der Berwinne entlang in einer Talmulde ducken. Beeindruckend ist das Schloss von Bolland. Zum architektonischen Ensemble gehört ein großer befestigter Gutshof in maasländischer Bauart (17. Jahrhundert) mit großen Türmen flankiert, eine Kirche und die Kapelle von Noblehaye (1707). Aus dem Tal des Bolland führt der Weg auf die Höhe von Blegny. Aus der ehemaligen Mine Blegny ist ein lebendiges Museum geschaffen worden. Die touristische Domaine in Blegny-Trembleur bietet neben der Erkundung des Tagebaus unter Erde zahlreiche Rahmenprogramme mit Museum, Freizeitgelände, Tierpark und Restaurant.

Ein echter Kumpel

Johan Hintjes ist Niederländer und ehemaliger Bergmann. Er führt seit 2004 Besucher durch das Zechenmuseum Blegny bei Lüttich. Seine Passion sowohl für den ehemaligen Beruf als auch für seine heutige Tätigkeit und sein Humor sind geradezu ansteckend. Die Geschichten und Anekdoten aus dem rauhen, aber auch herzlichen Alltag der Bergleute machen die Besichtigung zum hautnahen, authentischen Erlebnis. Blaumann, gelber Helm, Bergmannstuch, Lampe, das verschmitzte Lächeln und die kameradschaftliche Art sind die Erkennungszeichen von Johan Hintjes. Er und seine Kollegen und Kolleginnen sind so etwas wie die Hauptdarsteller in der touristischen Domaine de Blegny. In der Halle des Informationszentrums nehmen sie die Besucher in Empfang. Dort treffen wir Johan beim Schwätzchen und Scherzen mit einem Kollegen, Michel, ein Wallone. “Der war früher Soldat in Düren” sagt Johan in sehr gutem Deutsch mit dem typischen niederländischen Akzent. “Wir sind hier alle Kameraden, nach wie vor, so wie es untertage war. Das war nämlich wichtig, für das Überleben und den harten Alltag. Wir erzählen den Leuten wie es tatsächlich zugegangen ist. Wir lachen aber auch viel miteinander und haben eine Menge Spaß”, sagt er. Sie müssen aber gleich unbedingt mit hinunter fahren, betont er, wer da unten nicht war, weiß nichts über das Bergmannsleben". Johan Hintges begann mit 14 Jahren mit der Bergmannslehre in den Niederlanden, fuhr mit 16 zum ersten Mal unter Tage und war mit 18 vollwertiger Bergmann. Als er 23 Jahre alt war, schloss das Bergwerk und er ging für rund drei Jahre nach Deutschland in die Zeche Emil-Mayrisch. Als belgische Zechen Bergleute in Deutschland mit der Aussicht auf mehr Lohn lockten, kam er nach Genk. Dreizehn Jahre arbeitete er dort, bis die Zechen dicht machen mussten. Um seine 25 Jahre für die Rente angerechnet zu bekommen, wechselte er noch ein paar Jahre in den Beruf des Schlossers. 2004 wurde er Rentner und nahm noch im gleichen Jahr das Angebot an, in Blegny als Bergwerksführer zu arbeiten. Seine Sprachkenntnisse, Niederländisch, Deutsch und Englisch, kommen ihm dabei zugute. "Wissen Sie, sagt Hintjes, das macht mir soviel Freude, die verschiedensten Leute kennenzulernen bei den Führungen und ihnen unsere Welt zu zeigen. Vor allem auch Kinder sind sehr begeistert. Die kennen den Rohstoff Kohle kaum und wissen erst recht nicht, wo er herstammt und wie hart eine solche Arbeit ist. Haben Sie nicht eben die Gruppe Nonnen gesehen am Eingang, fügt er noch hinzu, die fahren heute Mittag hinunter in den Schacht, tatsächlich", er lacht, kaum zu glauben nicht?". Besucher aus aller Welt kommen nach Blegny, aus Indien, aus China, Studenten aus Südamerika. Die Menschen aus unterschiedlichen Kulturen reagieren auch ganz verschieden auf die Welt der Bergleute. "Wir lernen eine Menge über andere Länder bei den Führungen, wenn wir uns mit den Menschen tief unter der Erde unterhalten", sagt Hintjes. So manche Anekdote des Bergmanns verdeutlicht die Härte, die man in diesem Beruf an den Tag legen musste. Die tagtägliche Angst etwa vor dem Risiko von Explosionen durch Grubengas. Das besondere an Blegny ist die Fahrt unter Tage. Denn das Grundwasser der Maas steht auf 90 Meter Tiefe, sodass ein Hinunterfahren in den Schacht einmal bis 30 und einmal bis 60 Meter noch möglich ist. Die Flöze hier haben eine Neigung von mindestens 38 Grad, sodass die Arbeiter in Schräglage die Kohle abbauen mussten. "Ich habe immer großen Respekt vor den Lütticher Kumpels auch deswegen gehabt", sagt Hintjes. Zur Führung in Blegny gehört auch ein großes Museum am alten Schacht „Puits Marie". Es gibt Einblicke in das Leben der Bergleute, die Geschichte des Kohleabbaus, die Techniken, Maschinen, Ausrüstungen bis hin zu den original Waschräumen für die Arbeiter. (www.blegnymine.be)

Nur ein paar Minuten von Blegny entfernt erreichen wir Dalhem, den Hauptort der ehemaligen gleichnamigen Grafschaft im Mittelalter.

Auf einem Felsen des "Oberdorfes" über dem Flüsschen Berwinne ist die Ruine des ehemaligen Schlosses Zeugnis einer mächtigen Vergangenheit. Nebenan liegt die Pfarrkirche Saint-Pancrace mit kleinem Friedhof und ihrem bemerkenswerten Turm aus dem Jahre 1714. Ein Ensemble schöner alter Häuser, das Kopfsteinpflaster und der fast 400 Jahre alte Hohlgang **Wichet de la Rose** (1620) prägen das mittelalterliche Bild von Dalhem. Von hier oben hat man einen erstaunlichen Blick auf enge, steile Sträßchen vom Unter- zum Oberdorf, die den Reiz des mittelalterlichen Festungsstädtchens Dalhem ausmachen. Nun gelangen wir auf dieser Route bald nach Barchon in Richtung Visé an der Maas. Barchon ist ein beschaulicher Ort wie so viele in den Hügeln des Herver und Lütticher Landes. Obstwiesen mit wilden Kirschen und Äpfeln sowie ausgedehnte Felder prägen hier häufig das Landschaftsbild. Kein Wunder, dass in vielen Dörfern Obst, Gemüse, Geflügel und andere ländliche Erzeugnisse direkt ab Erzeuger angeboten werden.

Wander-Tipp

Von Herve über den Ravel-Wanderweg

Die Eisenbahnlinie 38 durchquert das Herver Land von Norden nach Süden. Sie wurde bereits im 19. Jahrhundert errichtet. Heutzutage hat sie eine neue, touristische Bedeutung als Ravel-Wanderweg erlangt. Die Linie 38 verband ursprünglich Chenée mit Plombières. Die alten Schienentrassen wurden 1992 endgültig entfernt. Der ländliche Charakter und der Charme dieser Landschaft hier sind zum Verlieben. Die Wege des Herver Landes laden dazu ein, zu Fuß, zu Pferd oder mit dem Fahrrad in der Natur Energie aufzutanken. Die ehemalige stillgelegte Eisenbahnstrecke der Linie 38 hat ihren Aschebelag beibehalten. Man kann den Ravelweg von Hombourg, direkt in deutscher Grenznähe, beginnen oder aber von Vaux-sous-Chèvremont/Chenée vor Lüttich aus. Die gesamte Strecke hat eine Länge von 40 Kilometern und überwindet einen maximalen Höhenunterschied von 250 Metern. Ideal also zum Radwandern. Exakt in der Mitte der Strecke liegt Herve mit dem „Espace des Saveurs“. Direkt hinter dem Gebäude verläuft die Linie 38. Ein bequemer Startpunkt, um den Ravel in beide Richtungen zu probieren. Nach Chenée geht es von hier aus über Asphalt während die Strecke bis Hombourg mit Aschebelag befestigt ist. Die Sehenswürdigkeiten entlang des Ravel-Weges sind vielseitig und sehr interessant, für Entdeckungstouren wie geschaffen. Schließlich verläuft die Linie durch eine Vorzeigeregion Walloniens, die nicht nur mit bezaubernder Natur, sondern auch mit hervorragenden handwerklich hergestellten Produkten begeistern kann.

Von Blegny führt unsere kleine Reise über die Landstraßen N3 und N 621 nach Chèvremont und Chaudfontaine vor die Tore Lüttichs.

Freizeitspaß am Schloss
Wenige Kilometer weiter über die N 621 in Soumagne liegt die 22 ha große Parkanlage von **Wégimont**. Mittelpunkt ist ein beeindruckendes Wasserschloss im maasländischen Stil. Das prächtige Ensemble der Schlossgebäude zieht immer wieder den Blick an, während man durch die Parkanlagen schlendert. Das gesamte Areal ist vom 1. Mai bis 31. August zugänglich. Außer der Parkanlage (die das ganze Jahr über für Spaziergänger geöffnet ist) umfasst die Domaine Angelteiche, eine Minigolfanlage, zwei Spielplätze, zwei Multifunktionssportanlagen, bewaldete Spazierwege, einen Pfad zur Beobachtung der Vogelwelt, ein Arboretum, einen Picknick-Bereich und ein Schwimmbad.

Ein Name steht in Belgien besonders für innovative Ideen in Sachen Schokolade – **Jean Galler**. Vor über 30 Jahren begann die unvergleichliche Erfolgsgeschichte der kleinen Firma, die in Vaux-sur-Chèvremont bei Lüttich Schokolade in handwerklicher Tradition herstellt, und nun weltweit an den exklusivsten Plätzen präsent ist. Galler füllte schon früh einfache Schokoladenriegel mit bis zu 70% Kakaoanteil und legt davon mehr als 23 Sorten der Extraklasse auf. Kaori ist japanisch und bedeutet Parfum oder Duft. Das inspirierte Galler zu der gleichnamigen Serie – die Entdeckung eines Gaumenerlebnisses. Kaori, das sind Schokoladensticks in einer Kouvertüre aus Bitterschokolade jeweils gefüllt mit Safran, Kardamom, Yuzu (japan. Zitrone), Ingwer, Vanille und Kokosnuss sowie Erdbeer und Balsamico zusammen mit drei Töpfchen Orangen-Kakaobohnen-Nibs, Kalamansi-Likör und Mohnpoppy-Matchapulver in einer formschönen Verpackung arrangiert. Die einzelnen Sticks dippt man nach Gusto in die kleinen Töpfchen und lässt sich von dieser famosen Kombination verführen. Für die passende Präsentation der Gallerschen Schokoladen sorgt sein neues „Verpackungs- und

Boutiquen-Konzept“, in modernstem Design entwickelt, eine Augenweide und Gaumenfreude zugleich. Galler Geschäfte: 3, rue des Brasseurs; B-4500 Huy; Tel.: 0032 085/23.24.26; 2, Rue du Pot d'Or; B-4000 Lüttich; Tel.: 0032 04/221.30.50; Médiacité Boulevard Raymond Poincaré; B-4020 Lüttich-Centre commercial Belle Ile; Quai des Vennes 1; B-4020 Lüttich; 17, Rue de l'Ange; B-5000 Namur; Tel.: 0032 081/22.91.47; Rue C. Balthasart; B-4051 Vaux-Sous-Chèvremont; Tel.: 0032 04/361.07.17.

Land des Quellwassers und Belgiens heißeste Thermalquelle

Victor Hugo nannte sie die „Blume unter den Thermalbädern“. Chaudfondtaine („Heiße Quelle) ist heute ein Inbegriff für Mineralwasser und Thermenkultur aus Belgien. Im Tal der Weser (frz. Vesdre) am Rande des Herver Landes in Grenznähe zu Deutschland gelegen, besitzt der Ort die einzigste Thermalquelle Belgiens mit 34° C heißem Quellwasser. Schon im 17. Jahrhundert war die wohltuende Wirkung des Thermalwassers von Chaudfontaine berühmt. Wie damals üblich, war dies auch ein Anreiz für den Hochadel und die Kunstwelt, sich diesen Platz als gesellschaftliches Parkett auszuwählen. Das Quellenstädtchen unserer Zeit ist bestimmt nicht als mondän zu bezeichnen. Dennoch ist mit dem „Château des Thermes“ ein Stück des Glanzes des 18. und 19. Jahrhunderts zurückgekehrt. Ein wunderschön restauriertes Prachtgebäude wurde zum Herzstück des Thermalwesens. Die Gebäude des ehemaligen Schlosses von Hauster im klassischen Stil des 18. Jahrhunderts beherbergen heute ein komfortables Thermalzentrum mit Luxushotel mit 47 Zimmern. Es liegt inmitten eines großen Parkareals mit beeindruckenden Bäumen. Im Hauptgebäude des Schlosses schlägt der Puls des exklusiven Wellnessbereiches, sehr gediegen und geschmackvoll in die herrschaftlichen Räumlichkeiten integriert. Ein Schwerpunkt liegt hier auf Beauty und individuellen Anwendungen. Das Wasser von Chaudfontaine ist eine Besonderheit, bedingt durch die außergewöhnlichen geologischen Gegebenheiten. (www.chateaudesthermes.be)

Ein geologischer Schatz

Es wird quasi durch das Gestein auf natürliche Weise gefiltert und vor Umweltbelastungen geschützt. Das Quellwasser steigt bis auf eine Tiefe von 1.600 Metern! hinab, sein Lauf durch die Erde dauert hier mehr als 60 Jahre. Das bedeutet, dass das Wasser, welches heute die Quellen in Chaudfontaine speist, vor 1945 seinen Kreislauf begonnen hat und somit vor den negativen Umwelteinflüssen der letzten Jahrzehnte im wahrsten Sinne des Wortes verborgen blieb. In einer Tiefe von 1.600 Metern hat das Wasser eine Temperatur von 55° C, was sehr vorteilhaft für den Mineraliengehalt ist. An der Oberfläche sprudelt das besonders reine und an Mineralien sehr ausgewogene Quellwasser mit 37°C. Dieses Wasser befindet sich auch im Thermalaußenbecken des „Château des Thermes“. Ganz neu und modern ist das Source-O-Rama, ein weltweit einzigartiges „Aquascope“ zum Thermalwasser von Chaudfontaine. Die neuesten Multimediatechniken ermöglichen dem Besucher einen unterhaltsamen, lehrreichen und interaktiven Rundgang durch die Welt des Wassers und seines faszinierenden Kreislaufes von der Wolke zur Quelle. Durch den Ravel-Wanderweg entlang der ehemaligen Bahnlinien 38 ist sie mit dem nahen Herver Land verbunden. Sehenswerte Dörfer mit typischem Charme sind hier z.B. **Olne und Soiron.** Wer gerne schöne alte Häuser sieht und ein Faible für die Maasrenaissance und versteckte Winkel hat, der wird in Soiron fündig. In den Wiesengründen zwischen Herve und Verviers schlummernd, ist das Dorf geprägt von seinem schmucken Schloss und dem angeschlossenen Bauernhof, einem Ensemble von klassischen Gebäuden in den typischen Elementen des massländischen Stils. Bruchstein, Kalksand- und Backstein sind darin vorherrschend und machen den Charme der Bauten aus dem 17. und 18. Jahrhundert aus. Sehenswert sind das alte Pfarrhaus, das ehemalige Waschhaus und natürlich die Kirche auf einer Anhöhe im Zentrum, wo man parken kann. (Für Informationen und Rundgänge: www.soironvillage.be; ww.beauxvillages.be)

Kulinarischer-Tipp

Für Bier- und Fleischliebhaber

„Le Vaudrée V“ in Barchon (Autobahn-Abfahrt Barchon vor Lüttich nehmen und am Kreisverkehr Richtung Soumagne halten) ist ein Paradies für Liebhaber der vielen belgischen Biere (einige hundert Sorten in Flaschen und rund 20 verschiedene vom Fass) und großen Fleischportionen am Spieß und vom heißen Stein. (www.vaudree-concept.be)

Le Wadeleux – Charme in Charneux

Schönes 3-Sterne-Hotel in Charneux, einem Weiler mitten im Herver Land zwischen Blegny und Battice; Schöne Zimmer in einem typischen Bruchsteinhaus eines Bauernhofes. Kleines, gemütliches Restaurant mit balkenverzierten Räumen; Reservierung empfohlen, jeweils abends und mittags nur ein 3-Gang-Menü mit Gerichten hauptsächlich auf Basis regionaler Produkte (www.wadeleux.be)

Eine der schönsten Terrassen der Wallonie

Das **"Aux étangs de la vieille ferme"** entpuppt sich als eine Oase kulinarischer Prägung in einem einzigartigen Ambiente. Das Gebäude aus typischem Steindekor der Region mit vielen Holzelementen und Licht durchfluteter Veranda ist eine gelungene Mischung aus rustikal und modern. Der Zauber des vier Hektar großen Gartens mit Teich auf den die fünfteilige Terrasse zuläuft veranlassten den Gault-Millau 2009 letztere zur schönsten Belgiens zu küren. Urlaubsfeeling und mediterranes Lebensgefühl ganz nah an der Natur. Bei Aperitifs, Tapas, Lunchs und eleganten Diners mit guten Tropfen könnte man vor allem im Sommer unter den Platanen ewig sitzen bleiben. (www.auxetangsdelavieilleferme.be)

Torten, Confiserie, Pâtisserie, Brot....à la belge in Bestform

Boulangerie-Pâtisserie Jeanpierre mit Café

Place Nicolai 29; B-4880 Aubel; Tel.: 0032 (0) 87 68 70 60

Wochentags außer montags: 6.30-18 Uhr (sonntags 6 bis 17 Uhr)

Siroperie Artisanale d'Aubel

Claudy Nyssen stellt handwerklich traditionell Aubeler Apfel-Birnen-Sirup her

Rue St. Antoine, 16; B-4880 Aubel; Tel.: 0032 (0) 87 68 75 45

www.sirop.be (Führungen in deutscher Sprache auf Anfrage)

Fiasko... La Gastronomie

Restaurant und Bistrot; Route de la Clouse 27 (Cosenberg); B-4880 Aubel; Tel.: 00 32 (0) 87 55 25 50; www.fiasko.be

Special – Inside Lüttich

Lüttich – Renaissance einer Metropole

Das ist das neue Lüttich: Zwischen den Kulissen vieler prächtig restaurierter Herrenhäuser, Palais', ultra-moderner Bauten, alter Monumente, Kirchen und Museen kann man in die Geschichte Lüttichs eintauchen, in die Welt der mächtigen Fürstbischöfe, großer Schriftsteller und der wallonischen Traditionen. Aber auch stylische Boutiquen, Designateliers und Galerien laden zum Entdecken ein. Und zwischendurch gesellt man sich oft und gerne an die Tische der Bistros und Restaurants, schwelgt in kleinen und großen Genussfreuden. Die Küchenchefs bereiten Gerichte aus regionalen Produkten zu, die so authentisch sind wie die Lütticher und ihre Gastlichkeit. Sehr lange Zeit wurde Lüttich touristisch auf seinen riesigen einstigen Flohmarkt La Batte (heute ein Wochenmarkt) reduziert.

Zu angestaubt, zu düster und grau waren die Altlasten aus dem Niedergang der industriellen Blütezeit, die das Image prägten und teilweise noch prägen.

Der **Wochenmarkt La Batte** am Maasufer ist auch heute noch eine Attraktion. Ganz unweigerlich schweift der

Blick von der Pont des Arches, der mächtigen Maasbrücke Richtung Zentrum, auf den prallrot gemusterten Gebäudeteil des **Grand Curtius Museumskomplexes** im maasländischen Stil, direkt neben La Batte. Gleich vier verschiedene Museumssammlungen sind hier untergebracht, die ganze Fülle der reichen Lütticher Geschichte. Auf dem La Batte hingegen eine ganz andere Seite der Stadt: Von Wollsocken bis zu gackernden Hühnern wird hier fast alles angeboten. Ein buntes Völkchen mit unzähligen Nationalitäten schiebt sich durch die kilometerlange Gasse von Ständen und Buden, die jeden Sonntag eine Uferseite der Maas belebt. Gleich um die Ecke wurde einmal mehr ein historischer Platz Lüttichs, der St. Barthélemy-Platz, repräsentativ in Szene gesetzt und macht die ganze einstige Pracht dieser Stadt wieder lebendig. Die Renaissance der „feurigen" Maasstadt ist in vollem Gange, dass es eine wahre Freude ist durch die restaurierten Viertel um **Hors-Château**, Feronstrée und St. Barthélemy zu schlendern. Die Crème de la Crème der Lütticher Monumente auf engstem Raum, hier unweit des Maasufers am Fuße des Zitadellenhügels, stellt ein kulturhistorisches Potential dar, wie es nur wenige vergleichbare Städte zu bieten haben. Zum Sattsehen, die leuchtend rot-beige Architektur maasländischer Baukunst, in der das Curtius-Haus mit der vollkommen restaurierten Kirche St. Barthélemy um die Wette zu eifern scheint.

Glorreiche Vergangenheit

Bereits in die ältere Steinzeit gehen die Spuren der ersten Besiedlung dieser Region zurück. Im Jahre 1907 fand man eine römische Villa an der Place St. Lambert. Der eigentliche Ursprung Lüttichs geht auf das 6. Jahrhundert zurück, als Saint Monulphe, der Bischof von Tongern von Dinant nach Maastricht ging und in einem Tal hielt, in dem Strohhütten am Rande des Baches Legia standen. Die Schönheit dieses Tales begeisterte ihn derart, dass er zu Ehren der Heiligen Cosme und Damien eine Kapelle errichten ließ, mit dem Gedanken an diesem wunderbaren Flecken einmal eine blühende Stadt entstehen zu sehen. Diese Kapelle wurde zum Wallfahrtsort, verstärkt auch während der Bischofszeit des St. Lambert und erst recht nach seinem jähen Tod durch den Verräter Dodon und seinen Kumpanen (706). Dieses Ereignis und seine Folgen gelten als Geburtsstunde Lüttichs. Der Nachfolger St. Lamberts baute zu Ehren des Märtyrers seine Residenz an diesem Ort, der von der Bevölkerung der ganzen Umgegend besucht wurde. So wurde dieser Marktflecken zu einer Stadt, um die man Mauern zog und die man mit

Türmen verstärkte, um sie zu verteidigen. (711) Fürstbischof Notger war der Begründer der Blütezeit Lüttichs als Zentrum eines Bistums, das auch die Stadt Aachen umfasst (seit 972). Das Herz der Stadt bestand aus der Kathedrale St. Lambert (auf dem heutigen Place St. Lambert) und seinen Gebäuden sowie dem Fürstenpalast und der Kirche Notre Dame. Sein oberstes Bestreben war es, die Stadt vor Bedrohungen von außen zu bewahren und sie von innen durch ein Verteidigungssystem zu unterstützen. Deshalb baute er einen mächtigen Schutzwall um die Stadt und errichtete die Stiftskirchen Sainte Croix und St. Denis. Er ermutigte die Bevölkerung, die Kirche St. Paul im Zentrum zu vollenden und ein weiteres Gotteshaus in Bau zu nehmen. Um die Region Lüttich wieder zum religiösen Mittelpunkt zu erheben, setzte Notger ein Zeichen und erweiterte das fürstbischöfliche Palais und die Kathedrale zu neuen Dimensionen. Auch die Nachfolger Notgers inspirierte die aufblühende Stadt zu imposanten Bauwerken. Baldéric gründete die famose Abtei St. Jacques im Zentrum auf der Maasinsel (damals noch von zwei Maasarmen umgeben) und die Stiftskirche St. Barthélemy im Norden der Stadt. Réginard errichtete die Gebäude der Kirche St. Laurent. Der geografische Anschluss an seine Nachbarn wurde der Bedeutung der Stadt gerecht, indem zwei monumentale Brücken, der Pont d' Avroy (mit der Rue St. Gilles) und der Pont des Arches, das Zentrum direkt Richtung Frankreich bzw. Deutschland verbanden. Im 13. Jahrhundert führte die allgemeine Bevölkerungsexplosion auch in Lüttich dazu, dass die Stadtbegrenzungen nicht mehr den Ansprüchen genügten und neue Schutzwälle und Stadtmauern gezogen werden mussten.

Zerstörung und Wiederaufbau

In den Zeiten der Herrschaft der Burgunderherzöge erlebte Lüttich seine schwärzesten Stunden. Burgund war bestrebt, einen starken Staat mit den Gebieten der Niederlande und Walloniens zwischen Frankreich und dem Kaiserreich zu schaffen. Das Fürstbistum Lüttich wehrte sich vehement gegen die burgundischen Absichten. Der Widerstand der Lütticher Bürger provozierte Mord und Brandschatzung in der Stadt, die 1468 durch Karl den Kühnen von Burgund in Schutt und Asche gelegt wurde. Das mittelalterliche Lüttich war auf immer und ewig verschwunden. 1477 nach dem Tod Karls des Kühnen erlangt das Bistum seine Unabhängigkeit zurück und ein Wiederaufbau beginnt mit der Renaissance und dem Übergang zur Moderne. Die Architektur war eine sichtbare Triebfeder für den Aufschwung. Der noch von der Gotik inspirierte Arnold van Mulcken fühlte sich von den innovativen Stilrichtungen aus Frankreich und Italien angezogen. Fürstbischof Erard de la Marck (1505-1538) förderte die architektonische und kulturelle Entwicklung seiner Stadt zur Moderne. Zwischen 1526 und 1536 realisierte er die Erneuerung des Fürstbischöflichen Palastes durch Van Mulcken. Ab dem Jahre 1566 hielt die Industrialisierung Einzug in das Maasgebiet. Schmelzöfen auf den Maasinseln, Steinkohleabbau, Salpeter- und Schießpulvererzeugung in Verbindung mit der Eisenindustrie waren die Grundlage für eine blühende, in der Welt führende Waffenfabrikation. Symbol für die Macht dieser Industrie, der das Kapital folgte, war **Jean Curtius** (1551-1628), dem es gelang in den weltweiten Kriegen den unterschiedlichen Kontrahenten gleichermaßen Munition zu verkaufen. Ihm ist das Musterbeispiel für die maasländische Architektur in der Renaissance, das **Curtius-Haus** (1600) am Maasufer der Altstadt gewidmet (heute Teil des Grand Curtius).

Revolutionäre Zeiten

Die Nähe zu Frankreich sorgte schon immer für besondere Aufmerksamkeit auf die Geschehnisse bei den großen Nachbarn. Dem Sturm auf die Bastille 1789 folgte denn auch die Lütticher Revolution. Mit Begeisterung empfing das Volk die französischen Befreier, welche die Herrschaft der Fürstbischöfe beendeten. 1795 fiel Lüttich an Frankreich. Das Kapitel von 815 Jahren fürstbischöflicher Macht wurde geschlossen. Traurig dokumentiert durch die mutwillige Zerstörung eines ihrer Symbole, der Kathedrale St. Lambert. Den Franzosen folgten die Niederländer und das industrielle Zeitalter war in vollem Gange. Die industrielle Revolution sorgte für einschneidende Veränderungen im städtischen Gefüge. Im Lütticher Becken mussten Möglichkeiten geschaffen werden, dem industriellen Wachstum gerecht zu werden. So wurden die Flussarme der Maas überbaut, woraus u.a. der Boulevard de la Souvenière hervorging (1844). An der heutigen Place St. Lambert, wo die zerstörte Kathedrale stand, entwickelte sich das Zentrum für den Handel (1827). 1885 wurde gegenüber dem Palast der Fürstbischöfe auf der anderen Seite des großen Platzes St. Lambert der Grand Bazar erbaut.

Lüttichs Treppengassen, Panoramablicke und romantische Flecken

Streifzüge durch Lüttichs Zentrum sind lohnenswert wie nie. Neben den vielen Prachtbauten sind es gerade die versteckten Ecken, die den Reiz der Stadt ausmachen. Idealer Startpunkt ist der Place Saint-Lambert am fürstbischöflichen Palast, der mit prunkvollem Intérieur und zwei imposanten Innenhöfen glänzt oder der Place du Marché gegenüber dem Rathaus **„La Violette“** (1714 - 1718), das bemerkenswerte Holzschnitzereien im Innern besitzt. Auf dem Platz vor dem Rathaus steht das alte Wahrzeichen (als neues gilt der TGV-Bahnhof) Lüttichs, der Perron-Brunnen, Zeugnis und Symbol für die bürgerliche Freiheit. Am Ende des Platzes links ab verläuft die Straße direkt auf das neu gestaltete, wunderschöne **Wallonische Museum für Volkskunde** zu.

Das Wallonische Museum für Volkskunde

Es ist ein Musterbeispiel maasländischen Stils mit lupenreinen Fassaden und einem Bilderbuch-Innenhof mit Säulengängen zum Entschwinden in vergangene Zeiten. Nachdem es 1243 von den Franziskanern erbaut wurde, galt es als zentraler Ort des öffentlichen Lebens der feurigen Stadt, dem zahlreiche Bestimmungen zugeteilt wurden. Abwechselnd war es Kloster, Zufluchtsort, Markt, Stadtarsenal usw. und wurde im 17. Jahrhundert vollständig im Maas-Stil neu aufgebaut. Nach der Französischen Revolution mussten die Mönche das Kloster 1796 verlassen. Später, am Ende des Zweiten Weltkriegs, wird das Gebäude durch eine Fliegerbombe schwer zerstört. Das offiziell im Jahre 1913 gegründete wallonische Museum für Volkskunde befindet sich zunächst in den Nebengebäuden des Curtius-Hauses (1925). Mit der zunehmenden Anzahl an Sammlungen wurde das Museum nach und nach im ehemaligen, zwischen 1963 und 1971 neu aufgebauten Kloster untergebracht. Seit 1989 steht es unter der Verwaltung der Provinz Lüttich, die schließlich die vollständige Renovierung des Klosters und des Museums durchführte. Auf zwei Etagen verteilt bringt das Museum anhand unterschiedlicher Themen und einer großen Vielfalt von Ausstellungsobjekten die Wallonie in all ihren Facetten den Besuchern näher. Geschichte, Kultur, Wirtschaft, Geografie, Revival, Alltagsleben, Konsum, Religion, Feste und Traditionen, Recht, Wissen und künstlerische Berufe bilden einen Streifzug durch Vergangenheit und Gegenwart und liefern zugleich einen Blick auf die Wallonie von Morgen. Der audio-visuelle Rundgang (mehrsprachig, auch in Deutsch vorgesehen) durch die großzügig ausgestalteten Räumlichkeiten ist das Ergebnis einer modernen Museographie und Szenographie. Die Flügel des Museums sind durch eine Glasgalerie verbunden, die einen schönen Blick in den ehemaligen Klosterhof bietet.

Man befindet sich nun in der Rue Hors-Château, einem der schönsten Straßenzüge des alten Lüttich mit vielen alten Häusern und Torbögen, durch die früher die Pferdewagen einfuhren. Stadtführerin Aline Gilson-Freis führt auch deutschsprachige Besucher besonders gerne durch dieses Viertel.

Malerische Pfade

„Ich weise die Leute auf die versteckten Gässchen hin, die sich hier unterhalb des Zitadellenhügels ducken", erklärt sie. „Die sogenannten ‚Impasses' mit ihren winzigen Eingängen sind leicht zu übersehen". Zu den malerischsten Ecken zählen der **„Impasse des Ursulines"** im typischen Lütticher Baustil, der „Impasse de L'Ange" und der romantische **„Cour St. Antoine"**. „Ein Muss ist natürlich die berühmte **Bueren-Treppe** (374 Stufen) hoch zur Zitadelle", sagt Aline Gilson-Freis. „Die Leute, die an der Treppe ihre Häuser haben, werden in der Regel sehr alt, weil sie durch das Stufensteigen lange fit bleiben". Wie der Aufstieg zum Olymp wirkt die Buerentreppe. „Aber warum gibt es diese einzigartige Treppenstraße überhaupt?", wird sich mancher fragen. Erbaut wurde sie 1880 aus einem originellen Grund. Die Militärs aus der Zitadelle gingen abends über die Rue Pierreuse in die Stadt und kehrten auf dem Weg dorthin in diverse "beuglants" (Etablissements) ein, was meistens in Krawall und Prügeleien endete. Die Stadt wollte dem Trubel Einhalt gebieten und ließ die Buerentreppe als Ausweichstraße bauen. Fortan gingen die Soldaten diese Treppe hinunter zum La Batte. Die 373 Stufen haben es mit einer Steigung von 40 % in sich. Benannt ist die Treppe nach Capitaine Vincent de Bueren, der sich im Kampf gegen den Lüttich-Belagerer Karl den Kühnen an diesem Ort verdient gemacht hatte. Linkerhand unterhalb der Treppe beginnt einer der urigsten Pfade der Stadt, der Spazierweg **„Sentier Terrasses"** über die „Impasse des Ursulines" durch einen schmalen Treppenweg hinauf. Sehr schön gelegen ist direkt am Impasse des Ursulines" das „Nun's", ein „In-Restaurant" mit Bar und lauschiger Terrasse am Hügel. Hier wird asiatische und französische Küche serviert. „Wir bieten vier verschiedene thematische Spaziergänge an, die viel Überraschendes bereit halten wie Kapellen, Klostergebäude, Höfe, aber auch Grünflächen, Obstwiesen und kleine Parks und natürlich den Panoramablick über Lüttich. Jedes Jahr am **1. Samstag im Oktober gibt es hier ein Lichterfest**, das ganz Lüttich und viele Besucher fasziniert", so Aline Gilson-Freis weiter.

Oben: Hôtel de Hayme de Bomal – Unten: Saint-Barthélemy

Am Ende der Hors-Château gelangt man auf den **Platz Saint-Barthélemy**, der mit der gleichnamigen Stiftskirche ein weiteres Beispiel für die gelungene Renaissance ist. Die markante rot-weiße Fassade der restaurierten Kirche mit dem berühmten Taufbecken spiegelt sich in der Glasfront am Eingang zu Lüttichs neuer Kulturinstitution, dem Grand Curtius Museum an der Maas.

Saint-Barthélemy
Eines der so genannten „sieben Wunder Belgiens" liegt mitten im Zentrum des historischen Kerns. Das außergewöhnliche **Taufbecken** wird **Renier de Huy** zugeschrieben und stammt aus dem 12. Jahrhundert. Es ist der wohl größte Schatz der Kirche Saint-Barthélemy, die aus dem 11. Jahrhundert stammt, und eine der berühmtesten Goldschmiedearbeiten des Landes. Das Becken wurde aus Messing aus einem Stück gegossen. Das ästhetische und ikonografische Meisterwerk steht auf einem Steinsockel, hat aber den Anschein, als würde es von 10 (ursprünglich 12) Ochsen getragen, die in Dreiergruppen den vier Himmelsrichtungen zugewandt sind. Sie symbolisieren den Auftrag Jesu an die 12 Apostel. Auf dem Beckenrand spielen sich fünf aufeinander folgende Szenen im Hochrelief ab.

Grand Curtius
Eine beachtenswerte Architektur vereint verschiedene Baustile in einer harmonischen Gesamtgestaltung, die Moderne mit geschichtsträchtigen Lütticher Gebäuden verbindet. Zum „Super-Museum" zählen die wiedereröffneten Sammlungen aus dem Waffenmuseum, dem Curtius Museum, dem Glasmuseum, dem Hôtel de Hayme de Bomal für dekorative Kunst und dem Archäologischen Museum. Mit einbezogen ist auch als Eckpfeiler das alte **Ansembourg Museum**, ein Schmuckstück außen wie innen. Hinter seinen prägnanten dunkelroten Fassaden eröffnet sich den Besuchern ein Bild eines original Lütticher Patrizierhauses mit wertvollen Dekorationen, Mobiliar und stilvollen Interieurs, das die Wohnkultur im reichen Lüttich des 18. Jahrhunderts widerspiegelt. Nicht minder kunstvoll und ein echter Geheimtipp ist das **Hôtel de Hayme de Bomal**, ein Museum für dekorative Kunst mit klassizistischer Innenausstattung, die eine Augenweide ist. Es ist als ein Seitenteil des Grand Curtius in das Ensemble integriert.
Der ganze Komplex des Grand Curtius erstreckt sich auf rund 10.000 Quadratmetern. Die Exponate aus den Bereichen der Glaskunst etwa und der

Geschichte der Waffenherstellung genießen weltweite Reputation und werden mit eigenen Abteilungen im Großmuseum gewürdigt. Neue und alte Gebäudetrakte sind durch moderne Glasgalerien verbunden und verschiedene Innenhöfe mit separaten Zugängen geschaffen worden.

Der direkte Weg zurück zum Rathaus und zum Place to be, dem Place du Marché, führt über die Rue Féronstrée am Ansembourg-Museum vorbei.

Der Mann mit der Pfeife

Vom Rathaus aus kann man einen Spaziergang der besonderen Art hinüber nach Outremeuse unternehmen, dem alten Stadtteil, der durch Georges Simenon unsterblich wurde. „An der Place St. Lambert kaufte sich der junge Georges seine erste Tabakspfeife, auch ein legendäres Markenzeichen seiner Romanfigur, des Kommissars Maigret", erklärt Aline Gilson-Freis. Der Platz hinter dem Rathaus wurde 2003 zu Ehren Simenons in „Place du Commissaire Maigret" umbenannt.

Auf einer Bank nehmen Besucher gerne einmal neben der lebensgroßen Figur des Schriftstellers Platz.

Das **„Maison du Pèket"** liegt gleich nebenan. (Bild Simenon © WBT J.P. Remy). Hier schmecken die Apéro-Varianten auf Basis des Lütticher Nationalgetränks Pèket (einer Geneverart) mit verschiedenen Fruchtaromen (Zitrone, Erdbeere, Melone etc.) einfach nur köstlich. Über die mächtige „Pont des Arches" gelangt man nach Outremeuse in ein unverfälschtes Lüttich, wo eine Straße nach dem Schriftsteller benannt ist und seine Büste den **„Place du Congrès"** ziert. Die Stationen seiner Jugend vermitteln gleichsam das lebendige Bild eines faszinierenden Viertels mit all seinen Facetten, den Menschen, ihren Häusern, Cafés und Gassen, der Kirche St. Pholien, die der Autor in seinem Roman „Maigret und der Erhängte von Saint-Pholien“ in der Literaturgeschichte verewigte. Ein Simenon Museum fehlt der Stadt allerdings noch. Fans dürfen sich aber freuen. „Im neu geplanten Viertel am Calatrava-Bahnhof ist ein Simenon-Haus vorgesehen“, erklärt Madame Gilson-Freis.

Über die „Place St. Lambert“ mit den wunderschönen, nahezu königlichen Fassaden geht es in Richtung „Carré“, der Einkaufsmeile Lüttichs hinter dem Opernhaus beginnend. Sie zählt zu den längsten Fußgängerzonen Europas.

Vgl.: Stadtführer „Unterwegs in Lüttich“ von Rolf Minderjahn; Grenzecho-Verlag Eupen. Erscheinungstermin: Anfang 2012.

Köstlichkeiten auf Schritt und Tritt

Das Carré ist eine Shopping-Meile mit vielen schicken Boutiquen und fast an allen Ecken eine lukullische Entdeckung. Ein Bummel durch die Passagen Lemonnier von 1836, einer Einkaufsarkade mit dem Charme des 19. Jahrhunderts und sehr schönen Läden, sollte zum Tagesprogramm gehören. Nur wenige Schritte entfernt, „Saint-Paul“, Lüttichs gotische Kathedrale aus dem 13. Jahrhundert. Am Platz der Kathedrale, ein Café neben dem anderen. Hier pulsiert das Lütticher Leben. In der lebhaften **„La Brasserie“**, einer Institution mit Lütticher Spezialitäten und belgischem Bier, sitzt man gerne, schaut und genießt die belgische Lebensart. Gericht um Gericht, Bier um Bier, Kaffee und Crêpes werden im Minutentakt an die Tische gebracht. Neben der Kathedrale beginnt die kleine **Rue St. Paul**, eine schnieke Einkaufsgasse mit allem was Shopping so reizvoll macht. Mode, Schmuck, Patisserien und Naschwerk, Schokolade, Kunst, Porzellan, Gourmandisen, dazu Cafés und originelle und stylische Restaurants und die gemütliche **Kneipe „St. Paul“** im Schatten der Kathedrale. Am Ende der Rue St. Paul biegt man rechts ab und steuert auf die schönste Kirche der Stadt zu, Saint-Jacques. „Dieses Gotteshaus ist ein Prachtbeispiel für die Spätgotik und den Flammenstil und gilt für viele als schönste gotische Kirche in Belgien“, fügt Aline Gilson-Freis hinzu. „Sie ist ein Musterbeispiel für die vielen Schätze der Maasmetropole.“

Immer gut besucht – Die Lokale am Marktplatz

Vielleicht die frankophonste Ecke der Stadt, die Place du Marché am Rathaus. Cafés und Restaurants, wo man die Einheimischen zum Aperitif, Lunch oder auch sonst antrifft, sind ein Muss für genussfreudige Besucher.

Kulinarischer-Tipp

Nun's; Impasse des Ursulines, 18; Tel.: 0032 04 222 10 69; www.nuns.be; La Brasserie; Place de la cathédrale 3; Tel.: 0032 04 222 1386; www.maisondupeket.be; As Ouhès, am Rathaus, www.as-ouhes.be - klassische Lütticher Küche; L'Ecailler, Rue des Dominicains, 26 (Meeresfrüchte und Fisch, wunderschönes Bistrot in der Fußgängerzone) – www.lecailler.be

Saint-Jacques

Die St. Jakobus Stiftskirche (Saint - Jacques) liegt an der Place Emil Dupont hinter der Fußgängerzone "Carré". Sie wirkt von außen etwas düster und unscheinbar. Die einstige benediktinische Abteikirche wurde 1016 gegründet. Ihre Pracht ist stilistisch von verschiedenen Epochen geprägt durch den romanischen Vorbau aus dem 12. Jahrhundert, dem **gotischen Kirchenschiff im Flammenstil** (1514 - 1538) und dem Renaissance-Portal des Lütichers Lambert Lombard aus dem Jahre 1558. Im Inneren imponieren die außergewöhnlichen, farbenprächtig verzierten Gewölbedekors. Die Säulen des Hauptschiffes zieren Barockstatuen aus Lindenholz, größtenteils von Jean Delcour, dem berühmten Lütticher Bildhauer (17. Jahrhundert). Der Chor ist eine Kostbarkeit im Flammenstil. Die Rippen des Gewölbes bilden einen zehnarmigen Stern und der Schlussstein stellt den glorreichen Christen dar, der von zehn geschnitzten Engeln umgeben ist. Die monumentalen Fenster (1525 - 1531) gehören zu den schönsten in ganz Belgien. Von der Empore der Bürgermeister beim Ausgang der Kapelle rechts hat man einen bezaubernden Blick auf die Fenster und ihre Motive. Bemerkenswert sind die Chorstühle aus dem 14. Jahrhundert (elegante Profile und wertvolle Verzierungen) sowie die schraubenförmige Doppeltreppe zur Empore der Bürgermeister. Am Ende des Hauptschiffes befindet sich die grandiose Orgel aus der Renaissance (1600).

Saint Paul

„Saint-Paul" ist Lüttichs gotische Kathedrale aus dem 13. Jahrhundert. Sie trat dem Rang nach an die Stelle der zerstörten Mutterkirche, der Kathedrale St. Lambert, die ursprünglich auf dem heutigen Platz St. Lambert vor dem Fürstenpalast stand. Es bestehen dort große Bemühungen, die Mauerreste freizulegen und als Monumente zu erhalten. Die großen Fenster des Hauptschiffes, die Seitenkapellen der Apsis und des niederen Seitenschiffes, das Portal und die Grundfeste des Turmes sind im mittelgotischen Stil erbaut (16. Jahrhundert). Die Turmuhr und das Glockenspiel stammen aus der Kathedrale St. Lambert. Im Inneren befinden sich eindrucksvolle Werke von **Jean Delcour** aus dem Barock (u.a. Sankt Peter und Paul, der Tote Christus, der bronzene Christus, Anbetende Engel, Johannes der Täufer) sowie zahlreiche wertvolle Gemälde (u.a. die Kreuzabnahme, die Taufe Christi, Maria Himmelfahrt). Außergewöhnlich sind der Hochaltar (1894), die Chorstühle (1864) und die Kanzel aus Marmor (1818). Die Kirche ist mittags von 12.00 - 14.00 Uhr geschlossen. Die Schatzkammer ist sehr bemerkenswert und 2006 komplett restauriert worden. Sie beherbergt u.a. die **kostbare Reliquie des Charles le Téméraire** (Karl der Kühne von Burgund) aus Gold und der **Sockel-Büste des Saint-Lambert** von 1512 (Hans von Reutlingen). Man erreicht sie durch den Kreuzgang, dessen Innenhof sehenswert ist. Überhaupt ist Lüttich eine wahrhafte Kirchenstadt, die es zu entdecken gilt. Sie besitzt noch heute mehrere Stiftskirchen.

Die Kirche **Saint-Denis** aus dem 10. Jahrhundert mit der gotischen Apsis und dem Querschiff, 1987 restauriert, bietet einen beachtenswerten kostbaren Altaraufsatz (1522), **Sainte-Cathérine** im Barock-Stil (1700), **Saint-Christophe** (13. Jhdt.), **Sainte-Croix** (12. - 15. Jhdt.) mit ihren drei gleich hohen Schiffen ist eine Rarität, **Sainte-Gilles** (12. Jhdt.) wurde im 19. Jahrhundert erweitert, **Saint-Jean** (10. Jhdt.), erbaut nach dem Vorbild der Pfalzkapelle Karls des Großen in Aachen, im 18. Jahrhundert restauriert, hat bemerkenswerte Statuen (u.a. **Sedes Sapientiae**, 13. Jhdt.). **Saint-Nicolas** (Outremeuse) ist das Zentrum der Prozession vom 15. August (Folklorefest), **Saint-Remacle** (11. Jhdt.) mit Werken von Delcour, Beichtstühlen, Altaren (18. Jhdt.) sowie **Saint-Pholien** in Outremeuse (1914) mit 63 m hohem Turm, schönen Kirchenfenstern (1863) und sehenswerten Gewölben aus rotem Backstein, sind weitere Zeugnisse der religiösen Geschichte der Stadt. Saint-Pholien wurde durch den Roman „Der Erhängte von Saint-Pholien" von Georges Simenon literarisch weltbekannt. Dann ist da noch die Kirche **St. Martin** aus dem 10. Jahrhundert. Der gotische Chor und das Schiff sowie sehenswerte Glasfenster (16. Jahrhundert) beeindrucken den Besucher. Im Jahre 1251 fand hier das erste Fronleichnamsfest statt. In der Kapelle Saint-Sacrement befindet sich eine Sammlung von Marmormedaillen von Delcour zum Gedenken daran.

La Brasserie

Die ersten 5-Sterne für die Maasmetropole – Das Crowne Plaza "Les Comtes de Méan" ist Lüttichs neue Top-Adresse
Nach dem wallonischen Museum für Volkskunde, dem Grand Curtius Museum und dem TGV Bahnhof Liège-Guillemins und noch vor der Wiedereröffnung der renovierten Opéra Royal de Wallonie reiht sich das First-Class-Haus in die Glanzlichterkette ein, die einen neuen Horizont im alten Lüttich erhellt. Das besondere: die Melange aus modernem Luxushotel, Design und der wertvollen Architektur zweier integrierter Lütticher Stadtpalais', dem "Hôtel des Comtes Méan" und dem Hôtel de Sélys-Longchamps", das als außergewöhnliches Kulturerbe der Wallonie klassifiziert ist. Das Crowne Plaza liegt am Hügel Publémont in der Nähe des Place Saint-Lambert und der alten Lütticher Oper. Der Eingang befindet sich auf dem Mont Saint-Martin im ehemaligen "Hôtel des Comtes de Barbenson", später "de Méan", ein imposanter Bau in U-Form mit wuchtiger neo-klassischer Fassade aus Back- und Kalkstein mit markanten hohen Fenstern. Auf der Hinterseite ist die Renaissancefassade (1620) über drei Etagen ein Blickfang. Im Erdgeschoss bilden vierzehn Arkadenbögen aus Maaskalkstein auf Säulen zum glasverkleideten, stylischen Anbau mit Lobby, Bar und Brasserie "Ô Cocottes" einen schönen Kontrast. Wie ein Laufsteg ragt die große Hauptterrasse am hinteren Ende der lichtdurchfluteten Brasserie vor die Silhouettenkulisse der Stadt. Modern-mediterran, abends mit farbigen Leuchteffekten ausstaffiert, bildet sie ein Tête à Tête über den 1.000 qm großen Innenhofgarten hinweg mit der Balkonterrasse vor der Fassade des "Hôtel de Sélys-Longchamps". In diesem wunderschönen Gebäude im gotischen Stil, das man von der Floor Lounge am Haupteingang aus erreicht, sind die Suiten untergebracht, das Gourmetrestaurant "Le Sélys" im edlen Ambiente und das Juwel des Hotels, der 285 qm große Ballsaal, der einen Hauch von Versailles verströmt. Insgesamt verfügt das Hotel über 117 Komfortdoppelzimmer mit bester Ausstattung und 9 Suiten. Im Souterrain steht ein 1.300 qm großer Spa-Bereich mit professionell ausgebildeten Mitarbeitern für die Wellness der Gäste zur Verfügung. Dazu gibt es zwölf Tagungsräume und eine Business Corner. Die atmosphärische Bar "La Cave" im Gewölbekeller lädt Hotelgäste wie auch andere Besucher zu stilvollen Treffs und Schlummertrunks ein.

Adresse: Crowne Plaza Liège; Mont Saint-Martin 9-11; B-4000 Liège; Tel.: 0032 (0) 4 222 94 94; www.crowneplazaliege.be

© Crowne Plaza

Design in Lüttich

Lüttich gewinnt auch zunehmend internationale Bedeutung in Punkto Design. Und das gilt nicht nur für den ultramodernen neuen Bahnhof. Ein Flaggschiff ist hier die Internationale Biennale für Design. Mittelpunkt der Biennale ist das zum wallonischen Museum für Volkskunde gehörende Gebäude des Espace Sainte Antoine mit der ehemaligen Kirche **Sainte Antoine** an der Rue Hors-Château/Cour des Mineurs 1. Die weißen Säulen, Rundbögen und Stuckverzierungen im Innern bilden einen wunderschönen Rahmen für die Ausstellungen. Design in Lüttich heißt aber auch zeitgenössische Galerien und Lokale, dazu gesellen sich Boutiquen und Mode und nicht zuletzt kreative Köpfe. Der Architekt Charles Vandenhove beispielsweise hat u.a. die Brüsseler Oper und mehrere Objekte des renovierten Viertels Hors-Château im alten Lüttich sowie Projekte in Frankreich und den Niederlanden realisiert. Die **Rue Hors-Château** steckt überhaupt voller Überraschungen hinter den schön renovierten Häuserzeilen. Blickfänge und Entdeckungen auf Schritt und Tritt. Galerien, Cafés, Restaurants, Dekor und das alte Lüttich im neuen, nahezu faltenfreien Gewand. Zwischen Wochenmarkt La Batte und Rathaus zieht sich etwas versteckt die Gasse « En Neuvice », die allmählich auch ein wenig aufgepeppelt wird mit frischen Ladenlokalen und die für Entdecker wie geschaffen ist. Ein typischer Lütticher Kontrast: das ultra-szenische Atelier-Geschäft « Arqontanporin » (www.arqontanporin.com) und einige Meter entfernt die urig wirkende Mini-Metzgerei **« Colson & Fils »** mit der Leuchtschrift im Fenster « Ici tout est bon » (Hier ist alles gut). Quasi wie Phönix aus der Asche eines beinahe ruinierten Viertels erstanden ist der Kinokomplex des **Cinéma Sauvinière** hinter der Oper. Ein schlichter weißer Block mit Glasfronten und fünf Kinosälen sowie Gastronomie mit Hofterrasse. In der Lütticher Gastronomie darf ein Touch Design ebensowenig fehlen. Vorreiter hierfür war das **« Le bruit qui court »** (www.bruitquicourt.be). Wer im schnieken Ambiente eine leichte, kreative und recht preisgünstige Bistrotküche genießen möchte, der geht in Lüttich ins „Le bruit qui court". Seit Jahren ist es eines der „In-Bistrots" der Stadt am Boulevard de la Sauvenière. Die originelle Ausstattung mit modernen wie klassischen Stilelementen wurde in ein ehemaliges Bankgebäude geschmackvoll integriert. Sowohl schöne Stuckarbeiten an den hohen Decken als auch Holz - und Marmorböden verbunden mit Metall- und Eisenelementen ergeben ein interessantes und einzigartiges Intérieur.

© P.-Yves Jurdant

Ein Winzling voller Köstlichkeiten – die Metzgerei Colson & Fils

Man sitzt auf modernen Möbeln, auf Emporen oder unter von runden Metallsäulen gestützten Glasdachflächen. Reichhaltige Salatkreationen bestimmen einen Teil der Speisenkarte. Italienisch beeinflusste Vorspeisen und Hauptgerichte sowie viel Pasta gibt es ebenfalls zu moderaten Preisen. Design-neu, ungewöhnlich und wirklich groß ist das « Grand Café de la Gare » im TGV-Bahnhof Guillemins. Lange schwarze Ledersitzbänke, rote Leuchtborde auf die Rückenlehnen gesetzt, ziehen sich wie eine Linie durch das Labyrinth von Sitzecken. Restaurant, Brasserie und Weinbar unter einem Dach mit viel Glas und Licht. Klassische und mediterrane Küche mit vielen Fischgerichten, im Sommer auf der Terrasse. (www.grandcafedelagare.be)

Lütticher Faktotum

Outremeuse, die Insel auf der anderen Maasseite, durch einen Flussarm getrennt, heißt das alte Arbeiterviertel, in dem Georges Simenon zuhause war. Hier erzählt das bekannte **Tchantchès** Marionettentheater (Rue Surlet, mit Museum) die Geschichten von Tchantchès, dem Lütticher Faktotum, dargestellt als Marionette mit Säufernase und etwas verbeultem Gesicht. Er verkörpert den typischen Lütticher, im Grunde gutmütig und liebenswert, doch auch leicht reizbar, starrköpfig und trinkfest. Eine Legende erzählt, dass Tchantchès um 760 als Säugling zwischen zwei Pflastersteinen in Outremeuse gefunden wurde. Die braven Leute, die ihn aufnahmen, sollen sich gefreut und gewundert zugleich haben über den ersten Schrei des Kleinen, nach „pèket“, dem Lütticher Wacholderschnaps. Wallonisches Brauchtum und Sprache werden in diesem Viertel gepflegt. Höhepunkt ist am 15. August jeden Jahres ein großes Volksfest, das vier Tage dauert. Alle Straßen des Viertels und die Wandkapellen sind erleuchtet, die Menschen feiern mit „pèket“ in den Straßen, es gibt Folkloretänze, Musik, Marionettentheater, Umzüge und eine echtes Volksfest zwischen der Place du Congrès und dem Quai des Tanneurs gegenüber La Batte. Jeden Freitag von 7 bis 12 Uhr findet auf dem Bd. de la Constitution der große Trödelmarkt „Brocante de Saint-Pholien“ statt, direkt gegenüber der Kirche **Saint-Pholien** und an der Eckkneipe **„Le Toussaint“**, einer uralten Institution in Outremeuse.

Médiacité

Da hatte sich wirklich eine magische Verwandlung ereignet, als 2009 auf dem 6 ha großen ehemaligen Industriegelände der alten Lütticher Walzwerke der architektonische Traum von Ron Arad Wirklichkeit geworden war.

Kurz vor seinem ersten Geburtstag hatte das futuristisch anmutende Freizeit- und Einkaufszentrum schon 7 Millionen Besucher begrüßt, die auf 160.000 m² mit 126 Ladenlokalen einen neuen Lebensraum, eine Stadt der Freizeitaktivitäten und des Einkaufens erleben können: die Mediacité. Unverwechselbar macht den architektonischen Entwurf die ‚Leichtigkeit' der fast schon schwindelerregenden Konstruktion mit gebogenen Stahlträgern und die rautenförmigen Tragwerke, die sich durch das Gebäude ziehen. Eine gigantische Wandelhalle, in der zahlreiche Mode- oder Designläden international renommierter Markenhersteller zu finden sind – einige haben hier ihre einzige Niederlassung in Wallonien bzw. in Belgien: die berühmte anglo-irische Fashion-Marke Primark ebenso wie Gaastra, Mc Gregor, Tom Tailor, Motivi, daneben die Design-Marken Art de Vivre, Eco Leddlight, Howards Storage und M Design … um nur einige zu nennen. Mit ausgewählten Angeboten an Geschenken, Schuhen, Inneneinrichtung, Haushaltsgeräten, Lebensmitteln, Schönheitsartikeln, Telephonieartikeln, mit Restaurants, Optikern und Bekleidungsgeschäften kann in der Médiacité dem niveauvollen Kaufrausch gefrönt werden. Aber auch mit unterschiedlichen Events und Veranstaltungen überrascht die Freizeit- und Einkaufsstadt: So verwandelt sich die Médiacité während der „Floralies" in ein Meer aus Blüten und Blättern und bei ihren Samstagskonzerten werden die Zuhörer mit Klassik und Jazz verwöhnt. Keine Zukunftsmusik mehr ist der Wochenmarkt, der auf dem Vorplatz, der Piazza, stattfindet sowie die Veranstaltung der Apéro-Konzerte. **Adresse:** Boulevard Raymond Poincaré, 7; www.mediacite.be; Tel.: 0032 (0) 4 341 12 12; Geöffnet täglich von 10 bis 20 Uhr, freitags bis 21 Uhr. Sonntags geschlossen. 2350 Autoparkplätze, 200 gesicherte Fahrradabstellplätze und behinderten-/rollstuhlgerechte Zugangsmöglichkeiten.

Erleben, Entdecken und Lernen im Aquarium-Museum

Ein einzigartiger Ort, der ganzjährig geöffnet, eine wunderbare Gelegenheit bietet, die Welt des Meeres und gleichzeitig die faszinierende Vielfalt des Tierreiches unter Wasser zu erleben. Das **Aquarium-Museum** hält für Gruppen jeden Alters zahlreiche interessante Besichtigungs-Programme bereit.

Das Aquarium: Sphären der Ozeane, Meere, Seen und Flüsse der ganzen Welt. Über 2500 Fischarten in 46 Aquarien: Piranhas, elektrische Fische, Clown Fische, blinde Höhlenfische, Luftsauerstoff atmende Fische, Steinfische mit tödlichem Gift, Rochen, Hechte, Aaale, Barsche und andere Fische aus unseren Gewässern, … nicht zu vergessen die faszinierenden Schwarzflossenhaie oder auch die kleinen Baby-Katzenhaie. **Das Museum**: mehr als 20.000 Arten aus dem Tierreich, vom Floh bis zum Wal, über Delfin, Koala, Gorilla, Elefant, Anaconda, Vogelspinnen, Kraken, Muscheln bis zu unseren heimischen Tierarten in Belgien, viele Vogelarten, ... Ein Walfischskelett von 19 Metern Größe ist das High-Light. **Adresse:** Aquarium-Museum der Universität Lüttich; Aquarium-Muséum de Liège; Quai Van Beneden, 22; B-4020 Lüttich: Tel.: 0032 (0) 4 366 50 21; www.aquarium-museum.be

Als die Tram noch durch die Straßen fuhr
Das Museum der öffentlichen Verkehrsmittel des Lütticher Landes
In dieser großen, ehemaligen Depot-Halle der Lütticher Verkehrsbetriebe, der STIL, wurde 1985 das Museum der öffentlichen Verkehrsmittel des Lütticher Landes eingerichtet. Alte Liebe rostet nicht. Zirka vierzig historische Transportmittel aus der Zeit vom 18. Jahrhundert bis in die Gegenwart haben hier eine neue Heimat gefunden von der Postkutsche, dem Taxi, über Pferde- und elektrische Straßenbahnen bis zu Oberleitungs- und Trolleybussen. Auf dem Rundgang staunt man nicht schlecht, wenn man plötzlich vor drei alten Straßenbahnwagons aus Aachen steht. Diese Schmuckstücke wurden dem Museum vom „Förderkreis für historische Aachener Technik e.V." als Dauerleihgabe zur Verfügung gestellt, da einfach in der Heimat der Platz fehlte und sie ideal in dieses Museum passen, das nur rund 50 Kilometer von Aachen entfernt ist. In Lüttich tauchte 1871 die erste Straßenbahn auf. In dieser Zeit wurde sie noch von Pferden gezogen. Der Antrieb mit natürlicher Pferdekraft bedeutete einen kostspieligen Unterhalt und eine aufwendige Infrastruktur. Deshalb waren die Fahrkarten für dieses Transportmittel exorbitant teuer und ein Luxus der gesellschaftlichen Elite. Eines der hier ausgestellten Modelle stammt genau aus dieser Zeit (1875) und ist ganz in Rot, der Farbe der « Lütticher Straßenbahnen » gehalten. Für die Fortbewegung ist man auf Pferde angewiesen. Sie sind teuer im Unterhalt und können keine weiten Strecken zurücklegen. Die Dampfmaschine bietet hier den erhofften Ausweg. Die Lokomotiven wiegen allerdings mehr als 20 Tonnen: Die entstehenden Erschütterungen ziehen die Häuserfassaden in Mitleidenschaft und beschädigen die Straßen, die einer solchen Belastung nicht gewachsen sind. Man kann sich nur schwer vorstellen, wie diese Züge, Ruß und beißenden Rauch speiend, durch das Zentrum von Lüttich fuhren. Der elektrische Strom war für die Straßenbahn die einzig wahre Lösung. Schon 1893 fahren die ersten Straßenbahnen durch Lüttich, die mit dieser

Energie bewegt werden. Ihre Kraft ist erstaunlich, denn sie können die Hügel rund um die Stadt hinauffahren. Das Schienennetz erstreckt sich bis aufs Land, wo die Lokalbahnen mit elektrischen Triebwagen fahren. Auf diesen Schienen wird auch bis 1968 die letzte Lütticher Straßenbahn, die berühmte grüne Bahn noch unterwegs sein. Der Oberleitungsbus ist bei den Lüttichern sehr beliebt. Denn er ist zu 100% ein wallonisches Produkt: Das Fahrgestell wird von der Fabrique Nationale (FN) hergestellt, der Motor kommt von den ACEC aus Charleroi und die Reifen werden von Englebert geliefert. Lüttich war die Stadt mit dem größten Trolleybusnetz in ganz Europa. Ihre topographische Lage und die Hügel machten den Einsatz dieser leistungsfähigen Maschinen notwendig. Denn da, wo die Straßenbahn blockiert ist, kommt der Oberleitungsbus weiter. Er ist leise und verschmutzt die Umwelt nicht, ist also eine ökologische Maschine. Am 9. November 1971 hat dieses öffentliche Verkehrsmittel schließlich seine letzte Fahrt durch Lüttich angetreten. **Adresse:** Museum der öffentlichen Verkehrsmittel des Lütticher Landes; Rue Richard Heintz, 9; B-4020 Lüttich; Tel.: 0032 (0) 4 361 94 19; www.musee-transports.be; In der Woche 10-12 Uhr und 14-17 Uhr; am Wochenende und an Feiertagen, 14-18 Uhr; Führungen nach Vereinbarung (5-35 Personen); Audioführer in deutscher Sprache.

! ***Tipp***

Veranstaltungen in Lüttich:

Mai: Lütticher Jazzfestival – www.jazzaliege.be.

Juli: Gallisches Dorf – Französisches Flair und Savoir-Vivre, rund 40 Chalets, Hersteller handwerklich-traditionell erzeugter Produkte, erste beide Juliwochen – www.amitiesfrancaises.be; 14. Juli Frz. Fest.

August: 13. bis 16.: **Volksfest** der « Freien Republik Outremeuse », des 15. August (Maria Himmelfahrt) in Outremeuse. www.tchantches.be.

September: Zweites Wochenende, **Tage der Monumente und des Kulturerbes**; Kostenlose Führungen in Bauwerken, die normalerweise der Öffentlichkeit nicht zugänglich sind (z.B. Rathaus und Fürstbischöflicher Palast, eine echte Pracht); www.journeedupatrimoine.be.

Oktober: In den geraden Jahren; **Die Design-Biennale**, hochkarätige Ausstellungen und Veranstaltungen u.a. in der wunderschönen ehemaligen Kirche Sainte Antoine in Hors-Château. www.designliege.be.

Die Nächte der Zitadellenhügel: Das Event in Lüttich. Tausende Lichter erhellen in der Herbstnacht das Viertel mit den Gassen und Treppen, Plätzen und Innenhöfen, Gärten und Parks am Hügel der Zitadelle. Musik, Theater...www.lanocturnedescoteaux.be.

Orgelfestival: Barockmusik; www.msj.be, von Oktober bis Dezember.

Dezember: Weihnachtsdorf in Lüttich. Ein Erlebnis, nicht nur für Feinschmecker. Was hier aufgefahren wird, sucht seinesgleichen. Schlemmen und Shoppen auf Lütticher Art zur Weihnachtszeit, rund um den St. Lambert-Platz vor der herrschaftlichen Kulisse des Fürstbischöflichen Palastes.
www.liege.be; www.villagedenoel.be

Nützliche Adressen:

Liège Airport Flughafen
Rue Diérain Patar – B-4460 Bierset; Tel.: 0032 04 234 84 11;
www.liegeairport.com

Gare Liège Guillemins (Hauptbahnhof)
Bd. D'Avroy, 5 – B-4000 Lüttich; Tel.: 0032 04 223 00 00; www.b-rail.be;
Anschluss an das dtsch. ICE-Netz und den frz. TGV. **Thalysverbindungen**
von Köln über Aachen nach Lüttich, Brüssel, Paris, Amsterdam
(www.thalys.com)....Vom Bahnhof ins Zentrum mit den Buslinien 1 und 4.

Stadtführungen in deutscher Sprache
Office du Tourisme; Féronstrée 92; B-4000 Lüttich; Tel.: 0032 04 221 92 21
www.liege-tourisme.be

Bilder nächste Seite: Das alte und das neue Lüttich – Zitadellenhügel und der Calatrava TGV-Bahnhof Guillemins.

ROUTE 5

Huy und der naturbelassene Haspengau
Idyllen, gespickt mit architektonischem Erbe

Der Haspengau in der Provinz Lüttich besitzt einen der fruchtbarsten Böden in Europa. Sein Relief ist nur leicht hügelig in der Höhe zwischen 100 und 200 Metern, seine sanften Höhenrücken erstrecken sich in der Nähe des Maastales. Der ungewöhnlich reiche Nährboden ist dem Schlamm zu verdanken, der einen intensiven und anspruchsvollen Anbau gewährleistet. Das architektonische, ländliche und natürliche Erbgut ist bedeutend: die wundervollen Schlösser von **Jehay** und **Vieux-Waleffe**, die Stiftskirche und der historische Kern von **Amay**, die Bauernhöfe und die zahlreichen charakteristischen Dörfer des Haspengau. Eine Reihe von Schlossbauernhöfen entwickelte sich. Typisch für die Organisation der Dörfer im Haspengau ist die sehr dichte Siedlungsweise, in der bedeutende landwirtschaftliche Betriebe vorherrschen. Die großen, meist viereckig angelegten Bauernhöfe sind mittelalterlichen Ursprungs und wurden von religiösen Orden bewirtschaftet oder gehörten einer Lehnsfamilie. Die Dörfer, die sich durch ihre schöne architektonische Homogenität auszeichnen, verdienen einen Umweg. Die ausgeschilderte „Route des ungewöhnlichen Haspengaus" (Frz.: Route Hesbaye Insolite) ist ein Ausflug in die ländliche Schönheit, in die Seele der außergewöhnlich romantischen und ursprünglichen Natur der Provinz Lüttich. Sie beträgt zirka 100 Kilometer. Man kann allerdings mit ein wenig Kartenstudium die Route individuell verändern. Dass diese Kleinode nicht immer einfach zu finden sind und manchmal einen Umweg bedeuten, sollte man gerne in Kauf nehmen. Dafür ist das Fahren stressfrei und ein pures Naturerlebnis.

Wir nehmen die Autobahn E 40 Aachen-Lüttich, dann die E 42 bis zur Abfahrt Villers-Le-Bouillet. Dann folgen wir der N 684 bis zur Abtei von La Paix-Dieu. Die imposanten Gebäude der Abtei **„de la Paix-Dieu"** fallen einem sofort ins Auge. Sie wurde 1240 gegründet und im 17. und 18. Jahrhundert komplett restauriert. An der Abtei biegen wir ein und folgen der Landstraße nach Jehay etwa 3 Kilometer entfernt (Beschilderung Jehay beachten). Das märchenhaft anmutende Wasserschloss Jehay zählt wohl zu den schönsten in ganz Belgien.

Jehay

Das Bild seiner schachbrettmusterartig gepunkteten Fassade aus weißen und braunen Steinen spiegelt sich verspielt in den Wassergräben. Das Schloss ist ein schönes Beispiel für einen befestigten Landsitz der Maasregion aus dem 16. Jahrhundert. Ausgrabungen haben ergeben, dass hier vor ca. 10.000 Jahren ein Pfahldorf gestanden hat. Im Inneren finden sich reichhaltige Sammlungen von Möbeln, Porzellan, Wandteppichen und Tafeln sowie Goldschmiede- und Silberarbeiten. Der **ausgedehnte Park** mit vielen Skulpturen ist eine Augenweide ebenso wie die gesamte Anlage an sich von einladender Harmonie geprägt ist. Es finden regelmäßig Ausstellungen zeitgenössicher Kunst statt. www.chateaujehay.be.

Vom Schloss zurück fahren wir über die N 614 nach Amay.

Amay

Besonders sehenswert ist hier die Stiftskirche. Sie wurde 2001 restauriert und beherbergt einen schönen Reliquienschrein, ein Meisterwerk der maasländischen Goldschmiedekunst, sowie einen merowingischen, steinernen Sarkophag. Die hübschen Kanoniker-Häuser ringsum bilden ein schönes Ensemble. Aus den Ruinen eines romanischen Gebäudes wurde Ende des 6. Jahrhunderts eine Basilika zu Ehren des Heiligen Georg erbaut. Um 1091 erhielt sie den würdevollen Rang einer Stiftskirche gleichzeitig mit der Einrichtung eines Domkapitels. Die heutige Gebäudeform geht auf das 11. Jahrhundert zurück. Bedeutende bauliche Veränderungen wurden vor allem im 18. Jahrhundert vorgenommen (Chor, Kreuzgang, Innendekor). Bemerkenswert sind der Lettner aus dem Barock (Ende 17. Jahrhundert), die monumentalen Malereien sowie viele Skulpturen aus dem 16. und 17. Jahrhundert. Im Querschiff links befindet sich die Reliquie der Saint Georges und Saint Ode aus dem 13. Jahrhundert. Bei umfangreichen Ausgrabungen fand man 1977 unter dem Chor einen merowingischen Sarkophag mit der Aufschrift Santa Chrodoara. Es könnte derjenige der Sainte Ode sein. Entlang der N 617 geht es weiter nach Huy an der stolzen Maas. Das beeindruckende Panorama Huys mit seiner riesigen Festung auf steilem Felsplateau an dessen Fuße die gotische Stiftskirche Notre Dame bei der stolzen Roi-Boudoin-Brücke die große Maas überragt, ist ein echter Hingucker. Es macht den Besucher neugierig und ein Halt wird mit vielen kulturellen Eindrücken belohnt.

Jehay

Vervoz

Die längste Seilbahn Belgiens

In Huy, der „Stadt der vier Wunder", treffen Maaspanorama, Kirchenschätze, Lebensart und Buddhismus aufeinander

Über 140 Meter hoch ist die Aussichtsplattform auf der **Zitadelle von Huy**. Der mächtige, finster wirkende Koloss oben über dem quirligen Städtchen an der Maas scheint es fast zu erdrücken. Hier ist ein Zwischenhalt der wieder in Betrieb genommenen **Seilbahn von Huy**. 2006 wurde sie komplett renoviert, um zum 50. Geburtstag 2007 wieder intakt zu sein (Fahrtzeiten nur in der Saison und an Wochenenden. Informationen unter www.pays-de-huy.be). Langsam schwingt die etwas betagt wirkende Kabine an die Plattform heran und der Kabinenführer dockt per Hand an das eiserne Gerüst an.

Unterhalb erstreckt sich das Dach der Zitadelle (als li tchestia eines der „vier Wunder von Huy) mit ihren siebzig Meter steil abfallenden Mauern, das man nun über die Stufen des Treppenturms hinab in wenigen Schritten erreicht. Belohnt wird der Besucher mit einem einzigartigen Rundblick über das Maastal, den Ort und die grünen Hügel um Huy. Durch den Innenhof und über den Zitadellenhügel kann man zu Fuß wieder zurück an die Maas gehen. Noch weiter nach unten schweift der Blick über die Häuschen von Huy, die sich um den Markplatz mit den vielen Cafés ducken. Südliches Flair kommt einem in den Sinn. Die **Grand Place** ist der Mittelpunkt des Ortes geschmückt mit dem eleganten Rathaus im klassischen Stil aus dem 18. Jahrhundert und einem weiteren der „vier Wunder" von Huy, **li bassino**, einem Brunnen mit vier Bronzestatuen (15./16. Jahrhundert), von denen zwei die beiden Schutzheiligen Huys, Mengold und Domitien, darstellen. Für eine solch kleine Stadt bietet die Silhouette ein imposantes Panorama, wie man es selten findet. Direkt nebenan, am Ufer des Flusses nahe der Brücke, **li pontia**, wie man sie in Huy nennt, ragt die Stiftskirche Notre Dame. Die alte Dame wird ständig restauriert. Ein Trost, dass die berühmte Fensterrosette **li rondia** mit neun Metern Durchmessern wieder in ihrem unglaublich intensiven Farbenglanz erstrahlt. Die Stiftskirche ist ein bemerkenswertes Gotteshaus. Von ihren romanischen Ursprüngen ist lediglich die Krypta erhalten geblieben (1066).

Geniale Goldschmiedekunst

Sie beherbergt einen reichen Kirchenschatz mit gleich vier Reliquienschreinen aus dem 12. und 13. Jahrhundert ebenso wie zahlreiche Skulpturen. Die Goldschmiedekunst des Maaslandes dieser Zeit wurde von zwei Söhnen der Stadt Huy geprägt, **Renier de Huy**, das Genie, dem das Taufbecken in der Lütticher St. Bartholomäus-Kirche zugesprochen wird, und Godefroy de Huy, dessen Reliquienschreine des Mengold und des St. Domitien Prunkstücke der Stiftskirche sind. Das heutige gotische Bauwerk wurde zwischen 1311 und 1536 erbaut. Am Südende zeigt sich das wundervolle mit Skulpturen gearbeitete „Bethlehem-Portal". Wer die Fahrt mit der Seilbahn auf der Zitadelle nicht unterbrechen will, kann direkt weiter hinauffahren auf den Hügel von Tihange. Die Station liegt unmittelbar an der legendären „Mauer von Huy", einer 18 % Steigung beim Radklassiker „Wallonischer Pfeil". Ausgangspunkt für die Seilbahn im Ort unten ist am anderen Ufer der Maas, unweit des beeindruckenden Baus des **„Maison Batta"** im maasländischen Renaissancestil (16./17. Jahrhundert), heute ein kulinarischer Hort. Hier empfängt die Familie Londot ihre Gäste z.B. auf der Terrasse im Garten an der Maas mit Blick auf die Silhouette der Stiftskirche und der Festung. Im Maison Batta werden besondere kulinarische Spezialitäten aus der Region angeboten. Dazu zählen vor allem traditionelle Entenprodukte aus dem Hause Upignac (Namur) sowie Terroirprodukte aus natürlicher Herstellung, Wein aus Huy selbst und ausgesuchten Ländern. Die kleinen Gerichte auf der Karte sind von ausgewählter Qualität, äußerst geschmackvoll, die Zutaten frisch, saisonal, natürlich, und es gibt sie zu moderaten Preisen. (Geöffnet: dienstags bis samstags von 10 bis 18.30 Uhr)

Besuch bei Buddha

Um zum Schlossgelände von **Fond l'Evêque in Tihange** zu gelangen, durchquert man einen großen Park. Völlig erstaunt begegnet man dann einem beeindruckenden „Stupa" (symbolisches Monument des Buddhismus) von 16 Metern Höhe, der sich von der Silhouette eines Schlosses im Stile des 18. Jahrhunderts abhebt. Zwei Kulturkreise treffen hier aufeinander. Seit

1983 ist das Schlossgelände im Besitz der Buddhisten, die hier ein Bildungszentrum eingerichtet haben. Wenn man an die Hinterseite des Schlosses geht, sieht man am Ende der großen Rasenfläche eine riesige, farbenprächtig arrangierte Buddha-Statue. Drei tibetanische Lamas sind im Institut Yeunten Ling tätig. Neu ist der prächtige Tempel, den man in dem Ausmaße hier nicht erwartet hätte. Erbaut und ausgestattet wurde er von tibetanischen Spezialisten. Besucher können den Zeremonien und Meditationen auf einer Empore beiwohnen. Viele Menschen kommen für einige Tage nach Yeunten Ling, um zu meditieren oder Meditation zu erlernen und sich mit dem Buddhismus zu beschäftigen. Im Institut gibt es dafür Übernachtungsmöglichkeiten. Ehrenamtliche Mitarbeiter kümmern sich um die vielen Gäste hier oben über dem Tal der Maas. Auch bei Schulklassen trifft das Thema Buddhismus und seine Formen der Lebensbewältigung, seine Anschauungen und Lehren der Ethik zum Beispiel auf großes Interesse. Anfahrt: Im Zentrum von Huy in Richtung Hamoir. Am Kreisverkehr links raus. Danach der Beschilderung „Institut Tibétain" folgen. www.institut-tibetain.org – sonntags geöffnet, um 14.30 Uhr für geführte Besichtigungen (Führungen nur in Französisch und Niederländisch)

Von Huy bietet sich ein Abstecher zum wundervollen Schloss Modave an. Dazu nehmen wir die N 641 entlang des Flüsschens Hoyoux.

Schloss Modave – Schmuckstück und herrschaftliche Hotel-Domaine
Schloss Modave, atemberaubend auf einem Felsplateau hoch über dem Tal des Maasnebenflusses Hoyoux platziert, ist ein Musterbeispiel für das einzigartige architektonische Erbe in der Provinz Lüttich. In einer unaufhörlich erscheinenden Naturlandschaft der Region des Condroz ist die Harmonie auf dem Gut von Modave geradezu ansteckend. Wer dem Lauf des Hoyoux von Huy aus folgt, erlebt ein kleines Flusstal mit all seinen natürlichen Facetten, romantischen Weilern und immer wieder feudalen Anwesen. Schon die Anfahrt zum Schloss Modave über eine prächtige, weite Allee lässt erahnen, dass man sich einem herrschaftlichen Besitz nähert, dessen Lage unwiderstehlich sein muss. Auf einem Gipfel erbaut, an dessen Fuße in 57 Meter Tiefe der Hoyoux fließt, hat das Schloss sein heutiges Aussehen dem Grafen Marchin zu verdanken. Er restaurierte und richtete die Gebäude im damals französisch beeinflussten Stil ein (1652 bis 1673). Etwa 20 Räume können bei der Besichtigung besucht werden. Sie sind alle möbliert und

reich verziert mit phänomenalen Stuckarbeiten, Marmor, Brüsseler Wandteppichen, chinesischer Seide, kunstvollen Holzwandtäfelungen und vielen Gemälden. Durch diese Räume zu flanieren ist wahrlich ein kultureller Zauber. **(Zur Weihnachtszeit sind die Räume für Besucher im weihnachtlichen Glanz dekoriert – ein Erlebnis).** Einzigartig ist bereits der Saal der Wachen (17. Jahrhundert) durch den der Besucher beim Betreten des Schlosses geleitet wird. An der Decke hat J.C. Hansche in Stuckarbeit einen Stammbaum mit den 32 Schildvierteln des Grafen abgebildet. Dieses Kunstwerk zeigt Ritterfiguren im Relief und hat eine Oberfläche von 135 m^2. Beeindruckend ist das Interieur des komplett holzverzierten Gemäldesalons, dessen Fenster einen der famosen Blicke auf das herrliche Tal unterhalb des Schlossfelsens bietet. Sehr elegant zeigt sich der Salon Ludwig XV mit fein geschnitztem und vergoldetem Wandschmuck auf den Nussbaumknorren der Täfelungen. Betörend schön ist das Geschirr von Modave mit 1.130 Einzelteilen (um 1870 in der Faïencerie de Gien gefertigt), das teilweise im großen Saal Herkules dekoriert ist. Man möchte sich am liebsten an dieser gräflichen Prunktafel niederlassen, um für einen Moment den Glanz dieser Epoche noch näher zu empfinden. Wer nach diesen vielen kulturellen Eindrücken eine kleine Pause braucht, kann sich unter den dreihundertjährigen Gewölben der alten Küchen im sehr aparten Café/Restaurant des Schlosses an typisch belgischer Gastlichkeit mit kleinen regionalen Gerichten erfreuen. Auf der anderen Seite des großen Ehrenhofes liegen die Gebäude, die einst die Karossen und Pferde der Herren von Modave beherbergten.

450 Hektar geschützte Natur - Wunderwerk hydraulisches Wasserrad

Der Gutsbesitz von Schloss Modave mit einer Fläche von 450 Hektar besteht aus dem Schlossgelände und einem Naturschutzpark, in dem die wichtigste Grundwassergewinnung Belgiens gesichert wird. Das eng geschnittene, idyllische Tal des Hoyoux durchquert diesen Park. Die geologische Struktur des Bodens erklärt das Vorhandensein zahlreicher Brunnen, die im Tal zusammenlaufen und von der „Compagnie Intercommunale Bruxelloise des Eaux" erschlossen werden. Sie ist auch Eigentümerin der Schlossdomäne. Etwa sechs Kilometer unterirdische Galerien, in den Kalkfelsen parallel zum Fluss gegraben, fangen das Wasser, das durch Felsspalten fließt, auf. In einem Saal des Schlosses wird das hydraulische Wasserrad dargestellt, das 1667 in Modave erbaut wurde und Renkin Sualem zugeschrieben wird. Es sollte dazu dienen, das Wasser der Hoyoux in den Schlosshof über

50 Meter hoch hinauf zu transportieren, wo es in einem noch heute sichtbaren Turm gespeichert wurde. Von diesem Modell inspiriert stammte die erste Idee für die berühmte Maschine von Marly.

To Tuzant, Sire

In einem der Kellerräume des Schlosses befindet sich eine Nachbildung der Maschine von Modave, die als Vorbild für die Maschine von Marly diente. Um die Springbrunnen der Gärten von Versailles mit Wasser zu speisen, bedurfte es eines besonderen Mechanismus, um das Wasser der Seine über einen Höhenunterschied von 162 Metern von Marly hinauf nach Versailles zu transportieren. Der Vermittlung des Barons de Ville ist es zu verdanken, dass man einen Lütticher Schreiner beauftragen konnte, der schon Erfahrung mit der Lösung eines solchen Problems hatte. (nämlich indem er das Wasser des Hoyoux über 50 Meter hinauf nach Schloss Modave pumpen ließ). An der Wand eines der Kellerräume kann man die Reproduktion eines Gemäldes sehen, das Renkin Sualem in „Denkerposition" zeigt. Es ist eine Anspielung an seine berühmte Antwort an Ludwig XIV., als dieser ihn wissbegierig fragte, wie er diese Maschine zustande bringen konnte: „To Tuzant, Sire" („Indem ich nachgedacht habe, Sire").

In Modave kann man auch übernachten. Der neue Hotelbetrieb mit Tagungszentrum, in den Nebengebäuden untergebracht, verfügt über 22 Komfort-Zimmer, die von Grund auf mit qualitätsvollen Materialien renoviert wurden. (www.domaineduchateaudemodave.be)

Adresse: Schloss der Grafen von Marchin in B-4577 Modave; Tel.: 0032 85 41 13 69; www.modave-castle.be; Führungen auch in deutscher Sprache.

Dann haben wir noch einen Tipp für Romantiker, nur wenige Kilometer auf der N 641 weiter Richtung Ocquier und Vervoz (beschildert).

Clavier/Vervoz

Stätte voller Anmut in friedlicher Natur

Die Stätte ist seit der gallo-römischen Epoche besiedelt. Das herrliche Ensemble an Gebäuden mit dem Schlossbauernhof wie es heute ist, stammt aus dem 17. und 18. Jahrhundert, die Kapelle von 1867. Es liegt mitten in der Natur an einem kleinen See, eine Kulisse wie aus einem Historienfilm. Ringsherum kilometerweit nur Landschaft. Die Besonderheit an diesem Flecken sind die unregelmäßigen Anordnungen der Steine an den Gebäuden, die hier behauen und ohne Zement wie bei einem Puzzle zusammengefügt wurden. Einladend sind die Gegebenheiten für einen Spaziergang um die charaktervolle Anlage. (die Gebäude sind nicht zu besichtigen). Eine beeindruckende Idylle, die einen Umweg lohnt. **Nun zurück nach Huy**. Wir wollen auf der „Route des ungewöhnlichen Haspengau“ (Route Insolite de Hesbaye) via N 64 weiter zum **Wandern in den Naturpark** Burdinale und Mehaigne. Hier befindet sich das „Haus des Naturparks der Täler der Burdinale und der Mehaigne“ in einem großen Gehöft aus dem 18. Jahrhundert. Der Naturpark umfasst 22 Ortschaften. Sieben Routen zum Wandern und für Spaziergänge wurden vom Naturparkzentrum ausgearbeitet. Es gibt zu jeder einen Flyer mit praktischen, detaillierten Informationen zu den architektonischen Schönheiten und der wunderbaren Fauna und Flora. Ganz in der Nähe führt die ungewöhnliche Route des Haspengaus zu zwei Schlössern, die wahre Augenweiden sind. Das versteckt gelegene Wasserschloss von **Fallais** mit einem sehenswerten Schlossgelände ist sogar auf Anfrage zu besichtigen. In den imposanten Mauern waren schon berühmte Besucher zu Gast wie Kaiser Maximilian und Ludwig XIV. Gleich in der Nähe ist ein weiterer Adelssitz zu entdecken, das Schloss des Baron de Potesta. Das Lustschloss **Les Waleffes** im klassischen Stil liegt am Ende eines ausgedehnten Schlossvorhofes. Das Schloss Les Waleffes ist ein architektonisches Ensemble, das sich in eine buschreiche Landschaft mit außergewöhnlichem Charakter einfügt. Die Architektur der Schlossgebäude, aber auch der „Ferme Castrale“ mit ihrem 32 m hohen Taubenhaus, den Obstgärten, Weiden und Wäldern verleihen der Stätte ihren besonderen Charme. Über **Villers-Le-Bouillet**, Vinalmont und Wanzoul geht es dann nach Moha mit seiner Burgruine. Hier befindet man sich im Tal des Maasnebenflusses Mehaigne. Die Route führt über Huccorgne (Schlossbauernhof Famelette) und Marneffe nach **Oteppe** (Schloss mit Ferienzentrum). Über Lavoir und Héron erreicht man dann Burdinne.

Das Glück in der Dose

Das außergewöhnliche Museum der lithografierten Weißblechdosen steht in Grand Hallet nahe Huy.

Wenn man das Refugium der gastfreundlichen Yvette Dardenne in Grand Hallet betritt, staunt man nicht schlecht. Nicht nur das Privathaus, sondern gleich mehrere Gebäude des weitläufigen Anwesens sind Teil dieses Privatmuseums, ein Kabinett der Kuriositäten, das auf Voranmeldung für Gruppen zu besichtigen ist. Was es hier zu entdecken gibt, ist nicht leicht zu beschreiben. Mehr als 55.000 Dosen aus Weißblech mit Lithographiedruck aus aller Herren Länder und mit Hunderten verschiedener Themen sind liebevoll zusammengestellt worden. Man macht sich kaum eine Vorstellung dieser immensen Zahl, bis man die einzelnen Räumlichkeiten gesehen hat. Bereits 1993 war Madame Dardenne mit gerade einmal einem Drittel der heutigen Zahl an Exponaten im Guinnessbuch der Rekorde vertreten. Begonnen wird der Rundgang, der einige Zeit in Anspruch nehmen kann, im Wohnhaus. Madame hat schließlich eine Menge zu ihren Schätzlein zu erzählen.

Phantasievoll

Sie kommt dabei durch die ganze Welt und zeigt stolz zuerst eine ihrer aktuellen Errungenschaften, eine schmucke runde Dose aus Argentinien mit einem Tangomotiv. Als die Hersteller der Dosen und Behälter begriffen hatten, dass diese immer weiter verwendet wurden, beschlossen sie, daraus Werbebanner und Reklameobjekte zu machen. Die Phantasie wurde stets erfindungsreicher und kreativer und hat sie in Trompe-l'oeil-Dosen, in Spielzeugdosen und Dosentornister verwandelt. Was alles als Aufbewahrungsdosen dient, ist bemerkenswert: Lokomotiven, Zeppeline, Schiffsmodelle, Figuren, Tiere, Kutschen, Kinderwagen, Spielzeug aller Art....

Ein Zoo im Museum

Nun geht es hinaus in den Garten auf das Grundstück der Dardennes. Und wieder trifft man auf unerwartetes. Man wird von einem Pfau begrüßt, der wie selbstverständlich auf den Besucher zu stapft, ein Uhu blinzelt von seinem Holzstamm herunter. Die Tiere, die in dem parkähnlichen Terrain leben, sind ebenso außergewöhnlich und exotisch wie die Sammlung an Weißblechdosen. Annähernd 200 Tiere sind hier zuhause, angefangen bei Eseln, Schwänen auf kleinen Teichen, über seltene Vogelarten, bis zum Waschbär und sogar ein Stachelschwein-Paar. Der Clou steht jedoch noch bevor, im benachbarten Bauernhof und den richtig großen Gebäuden. Auf den obersten Etagen der Scheune ist auf mehreren Ebenen die Masse der Weißblechdosen mit einem Blick unfassbar. Ein Raum ist z.B. bestückt nur mit Dosen, die den königlichen Familien Belgiens gewidmet sind. **Adresse:** Rue du Condroz, 3-8; B-4280 Grand Hallet (Hannut); Tel.: 0032 (0) 19 63 43 92; Besichtigung nur nach Vereinbarung; Führungen in Französisch, Niederländisch, Englisch und auch Deutsch (teilweise).

Weitere Ausflugsziele und Sehenswürdigkeiten in der Provinz Lüttich

Visé und die Niedermaas

Das Rezept des köstlichen Gänsefleischgerichtes nach „Art von Visé" wird von einigen Köchen und alten Familien der Stadt wie der heilige Gral gehütet. Schließlich blicken die **Gänse in Visé** auf eine geschichtsträchtige Tradition zurück. Bei der Belagerung der Stadt durch die Truppen des Fürstbischofs von Lüttich im Jahre 1376 wagte es eine unbekannte Gänsehirtin den Feinden die Fahnen abzureißen. Durch diese Tat ließen sich bei den Einwohnern von Visé ungeahnte Kräfte mobilisieren und sie schlugen die Haudegen der Lütticher Angreifer in die Flucht. Dass die Gans über Generationen auch Einzug in die Gastronomie hielt und von der Bruderschaft „La Délicieuse Oie du Gay Savoir en bien manger" bewahrt wird, ist ein typisch belgisches Phänomen. In den wärmeren Jahreszeiten stolziert so manche Schar Gänse in den grünen Auen am Maasufer. Traditionen werden in Visé hoch gehalten. Zum kulturellen Erbe der Stadt zählen auch die Arkebusiere (Hakenbüchsenschützen) und Armbrustschützen, denen Museen gewidmet sind. Die heutige Gilde der Arkebusiere wurde im 16. Jahrhundert geschaffen, um als Militärkompanie die Stadt und ihre Bewohner zu beschützen und zu verteidigen. Das Armbrustschützen-Corps geht sogar auf das Jahr 1310 zurück. Im Museum der ehemaligen Arkebusiere sind hauptsächlich Waffen und andere Objekte ausgestellt. Vieles ist bei der Zerstörung Visés 1914 verloren gegangen. Dieses Museum im Zentrum der Stadt befindet sich in einem der majestätischen Gebäude im maasländischen Renaissance-Stil, die den Stadtkern zieren. Ebenso wie dasjenige der Armbrustschützen. In ihrem Museum sind zahlreiche einzigartige Armbrüste als Ausstellungsstücke vorhanden. Auch das Rathaus zählt zu den schönsten und markantesten Bauten Visés. In der Rue Haute, der Haupt-Einkaufsstraße der Stadt laden viele Geschäfte zum Bummel ein. Ob Dekor, Mode, Schmuck, Delikatessen, Metzgereien und Bäckereien mit hauseigenen Leckereien, sie alle haben ihren individuellen Charakter bewahrt und verströmen einen selten gewordenen Charme. Nachfolgendes Bild © Maison du Tourisme Basse-Meuse.

D'Artagnan und die Gänse von Visé

Marc und Josette Botty-Swenen sind Qualitätsmacher in Sachen Gänseprodukte und anderer Feinschmeckereien. Ihr Bauerngut an der Maas ist nach dem berühmten Musketier benannt und das hat seinen Grund.

An der Niedermaas rund um das Städtchen Visé zwischen Lüttich und Maastricht versteht man zu leben. Es ist eine Obstregion und Oupeye gilt als Hauptstadt des Obstes in der Wallonie. Die Gegend ist zudem berühmt für extrafeine Gänseprodukte. Um die Gänse von Visé ranken sich Legenden ebenso wie um den berühmten Musketier D'Artagnan, der hier ganz in der Nähe bei der Belagerung von Maastricht 1673 durch die Truppen Ludwigs XIV gefallen sein soll. Sein Grab vermutet man in der Kirche von Wolder. D'Artagnan hat tatsächlich gelebt. Sein Name: Charles de Batz de Castelmore, Comte d'Artagnan. Doch was haben die Gänse von Visé mit dem Musketier zu tun? Die schöne Geschichte eines Bauernhofes an der Maas erzählt davon. In der **"Ferme d'Artagnan"** in der Rue de Tongres in Haccourt pflegt man die artgerechte Aufzucht der Tiere im Freiland und die Produktion schmackhafter, authentischer Produkte nach natürlichen Methoden. Marc und Josette Botty-Swenen haben sich hier einen Traum erfüllt. "Meine Frau hat ihren Beruf als Krankenschwester aufgegeben. Sie wollte schon inmmer handwerklich hergestellte Stopfleber produzieren", erzählt Marc Botty. "So hat alles angefangen. Die ersten Enten für unsere Aufzucht, die berühmten canards mulards, bezogen wir aus Nogaro in der Gascogne, nahe Lupiac, dem Geburtsort D'Artagnans", so Züchter Botty weiter. "Unsere artisanalen Produkte und die legendären Gänsegourmandisen verkaufen wir seitdem unter der Bezeichnung "Ferme d'Artagnan". Für die Verdienste um den Namen D'Artagnan wurde Marc Botty 2006 in die niederländische Escadron der Compagnie des Mousquetaires D'Armagnac aufgenommen. Die Inthronisierung in Condom im Gers, einem Département der Gascogne, wurde vom Nachfahren D'Artagnans, Aymeri de Montesquiou, Duc de Fezensac und Comte D'Artagnan vorgenommen. Er ist der Capitaine der illustren Compagnie mit momentan zirka 3.000 Mitgliedern, in deren Reihen Berühmtheiten wie der König von Schweden, Prinz Albert von Monaco, Leonardo di Caprio oder André Rieu aufgenommen sind. Gänseprodukte und andere Delikatessen können bei der Familie Botty-Swenen im charmanten Hofladen gekauft werden. So etwa das umwerfende Regionalgericht „l'Oie à l'instar de Visé". Die anständige Portion für zwei Personen im luftdicht verschlossenen Einmachglas, lange haltbar und einfach über dem Wasserbad und dann im Ofen zu erhitzen, ist ein Gaumenkitzel.

Gans besonders gut

Das zarte Fleisch der Gans streift sich beinahe wie von selbst von den Knochen, saftig und voll intensiven Geschmacks. Bei Foie Gras, Entenbrust, sündhaft guter Gänserillette, Confit, Tapenaden, Marmeladen und eingemachtem Obst nach Großmutter Art, Wein, Essig und Öl u.v.m. werden alle Register handwerklicher Güte, traditioneller, natürlicher Herstellung und der Leidenschaft zu Naturprodukten gezogen. "Unser Obst stammt aus dem eigenen Garten und von den Obstwiesen in der Region", sagt Marc Botty. "Ich könnte die halbe Wallonie mit Obstbrand und Marmelade versorgen", schmunzelt Botty, so reichhaltig ist die Ernte an der Niedermaas. Neu im Sortiment ist ein Eau de Vie aus einer uralten Birnensorte, der Légipont, ein edles Getränk, besonders intensiv im Aroma und für ein Destillat nahezu schmeichlerisch weich am Gaumen. "Viele alte Obstsorten wie den Pom' Oupeye Apfel, verarbeiten wir handwerklich-traditionell zu Marmelade, Confit und Saft, aber auch zu Pèk'Oupeye, einem Aperitif-Digestif auf Apfelbasis", erklärt Marc Botty. "In unserem Garten stehen auch einige alte Rosensorten, die wir beispielsweise zur Dekoration des Innenhofes verwenden". Natürlich darf ein originales Musketier-Bier nicht fehlen. Das obergärige helle "1673" (der Todestag D'artagnans) ist eine kleine Hommage. Kulinarisch interessierten Gästen werden in der offenen Küche hinter dem Hofladen hochwertige Kochkurse mit einem Spitzenkoch angeboten. Gruppen können mit Reservierung die Köstlichkeiten vom Bauernhof im restaurierten, rustikalen Gästesaal genießen. Hier wird das Flair des 17. Jahrhunderts wieder lebendig.

Adresse: La Ferme d'Artagnan; Rue de Tongres, 77; B - 4684 Haccourt; www.lafermedartagnan.be; Tel.: 0032 4 379 18 36.

Funkelnde Welt des Kristalls

Die **Kristallmanufaktur St. Lambert** in Seraing bei Lüttich zählt zu den namhaftesten Unternehmen Walloniens. Seit 1826 wird im Val St. Lambert edelste Kunst aus Kristallglas hergestellt. Das Unternehmen fertigt auch Schmuck aus Kristall und ist Lieferant von Königshäusern. Tiffanys zählte zu den ersten Kunden der Kristallmanufaktur. Es gibt Führungen durch die Glasfabrik an sich, bei denen man den Arbeitern an den Schmelzöfen und den Schleifgeräten über die Schulter schauen kann, ein sehr authentisches Erlebnis. Das « Château du Val Saint-Lambert », das Schloss auf der anderen Seite der Anlage, vermittelt die Magie des Glases und des Kristalls anhand von mehr als 250 Kristallobjekten, über einen unterhaltsamen, medial gestalteten Rundgang u.a. mit Glasbläser-Vorführung und einer thematischen Zeitreise. **Adresse:** La Cristallerie du Val Saint-Lambert; Esplanade du Val, 245; B-4100 Seraing; Tel.: 0032 (0) 4 330 38 00; www.val-saint-lambert.com

Prähistorische Abenteuer

Die **„Prähistorische Stätte von Ramioul"** in Flémalle nicht weit von Seraing entfernt wirkt wie eine wahrhaftige Zeitmaschine. Das primitive Leben der Menschen wird hier beeindruckend real: Essen wie in prähistorischer Zeit im „Culinarium", Feuersteine bearbeiten, sich ans Feuer machen begeben und an Töpferarbeiten versuchen. Neugierige erforschen archäologische Funde im „Experimentarium" und wagen sich hinab in die Grotten von Ramioul. Von der „Préhistorique Trophy" über das Familienfest bis zum „Fun-Event" für Unternehmen lädt die „Prähistorische Stätte von Ramioul" den Besucher ein, das besondere kulturelle Erbgut auf originelle Weise zu entdecken. **Adresse**: Die Prähistorische Stätte von Ramioul; Rue de la Grotte, 128; B-4400 Ivoz-Ramet; Tel.: 0032 04 275 49 75; www.ramioul.org

Krieg und Frieden

Der mystische Turm der Apokalypse von Eben-Ezer ist der Hort eines Pazifisten, das gigantische Fort von Eben-Emael nebenan Zeugnis von Gewalt und Schrecken. Zwei bizarre Ausflugsziele am Albertkanal.

Wenn man die überdimensionalen apokalyptischen Figuren hoch über den Bäumen erspäht, wird man neugierig. Sie thronen auf einem rund 33 Meter hohen Turm, einer Konstruktion aus tausenden von Feuersteinen (Silex) und

Zement aus den 50er Jahren. Feuerstein wurde seit den 30er Jahren im Tal der Geer abgebaut und war ein wichtiger Rohstoff. Die Cherubine, die himmlichen Wesen, scheinen gleich in die Lüfte entschwinden zu wollen, abzuheben, um wieder auf der Erde zu landen und ihre Botschaften von Liebe und Hoffnung zu verbreiten. Die Steine wirken wie an das Gebäude angeklebt, mittelalterlich düster kommt alles rüber, wie eine Burg im Fantasyland. Robert Garcet hat darin sein Idealbild vom Frieden konkretisiert, einen Platz zur Begegnung mit dem Menschen und mit Gott geschaffen. Eben-Ezer ist nach seiner Auffassung ein Ort der Revolution und der Entdeckung. Ein pazifistisches Mahnmal der Menschlichkeit, das auch auf das wenige Kilometer entfernt liegende **Fort Eben-Emael** verweist, einen Monsterbau des Krieges. Nach den Aussagen des ehemaligen Steingrubenarbeiters Robert Garcet bringt jeder Stein eine Offenbarung mit sich und die Anzahl spricht für sich selbst.

Die Zahl 33

Das Gebäude, mit einer Höhe von 33 Metern, auf viereckiger Ebene mit kleinen Türmen an den Winkeln, wurde aus Feuerstein aus einem ebenfalls 33 Meter tiefen Steinbruch gebaut, der hier bestand. Seine sieben Etagen sind mit den vier aus Beton gegossenen Engeln der Apokalypse geschmückt: der Stier im Nordosten, der Mensch im Südosten, der Löwe im Südwesten und der Adler im Nordwesten. Am Grunde des Turms errichtet ein Steinkreis seine 12 Stelen zwischen dem Dickicht; die Säulen liegen alle in einer Distanz von 3,33 m zueinander. Was die monumentale Treppe betrifft, die die Flanke des Hügels hinunterläuft, so hat sie die erforderlichen esoterischen Dimensionen. In der Bibel ist Eben-Ezer („der Stein der Hilfe"), ein Gedenkstein, der von Samuel nach der Verteidigung gegen die Philister als Erinnerung an Gottes Hilfe aufgestellt wurde, zwischen Mizpa und Jeschana. Auf das gleiche Schlachtfeld hatten die Philister die Israeliten geleitet.

Turm mit Aussicht

In dem Gebäude mit seiner Fantasie-Architektur ist das Silex-Museum untergebracht. Hier gibt es viele archäologische, paleontologische und historische Entdeckungen zu machen ebenso wie das universelle Gedankengut des Robert Garcet, der Arbeiter, Architekt, Philosoph und Autor war. Die skurrilen Dinge, Funde und Dekorationen zwischen schrill und düster in den

einzelnen Räumen des Feuersteinmuseums, das im Turm beheimatet ist und der Welt des Robert Garcet, sind Geschmackssache. Sie wirken kitschig und manchmal komisch, ein Kosmos der Kuriositäten, den man durchdringen muss (nur in Französisch und Niederländisch), um zu erfahren, was der Erbauer in seinen Botschaften mitzuteilen versucht, inspiriert durch die Formen des Feuersteins, die Fossilien und die Region mit den vielen Steingruben, Höhlen und Grotten an sich. Manche Besucher verbringen Stunden hier, andere erklimmen kurzerhand den Turm mit seiner tollen Aussicht. Die Stufen im Turm zu den einzelnen Etagen liegen frei, keine Geländer, sehr schmal und eng gewunden, niedrige Decken und abenteuerlich steil, Vorsicht ist geboten, von Sicherheit kann keine Rede sein. Im kleinen Parkwäldchen hinter dem Gebäude sind Skulpturen aus Stein zu sehen.
Die Broukay Mühle steht in der Nähe des Turms von Eben-Ezer, versteckt im Geer-Tal. Verschiedene pädagogische und kulturelle Animationen werden dort angeboten (archäologischer Bereich, geologischer Bereich, Feuersteintal und Kajakplatz). **Adresse:** Musée du silex und La Tour d'Eben-Ezer; Chemin du Broukay; B-4690 Eben-Emael; Tel.: 0032 (0)4 2869279; www.musee-du-silex.be

Ein Fort der Superlative

In den dunklen Gängen der Festung Eben-Emael wird ein Kapitel des Krieges in der Grenzregion auf eindrucksvolle Weise sichtbar

Festes Schuhwerk ist empfehlenswert für die mehrere Stunden dauernde Besichtigung dieser unterirdischen Festung im belgischen Dorf Eben-Emael am Albertkanal. Geschichte kann einen in ihren Bann ziehen, vor allem, wenn sie sachkundig und mit viel Enthusiasmus vermittelt wird. Das spürt man gleich nach den ersten Ausführungen des deutschen Guides, Dieter Heckmann, noch außerhalb der Festung an der Maas. Er kümmert sich seit Jahren um Führungen und mit Gleichgesinnten um die Erhaltung dieser schon legendären Stätte. Ganz bedeutend und interessant ist die strategische Vorgehensweise der deutschen Truppen bei der Einnahme des Forts am 11. Mai 1940. Deshalb beginnt eine Führung auch mit den geografischen und strategischen Besonderheiten des Forts und seiner Umgebung. Zwischen 1932 und 1935 wurde auf dem St. Pieter-Berg über dem Maastal diese Festung mit 17 Bunkern errichtet. Ihr Zweck war die Schließung einer Verteidigungslücke im Maastal zwischen Belgien und Maastricht. Auf der Ostseite des Forts liegt der Albert-Kanal in einem 60 Meter tiefen Einschnitt.

Die Eroberung der Festung durch die Deutschen durfte die Brücken über den Kanal nicht gefährden. Deshalb musste Eben Emael neutralisiert werden. Die Hauptrolle dabei spielten die neuartigen Lastensegler DFS 230. 40 an der Zahl, gezogen von Ju-52 Schleppflugzeugen, mit 350 Fallschirmjägern an Bord, übernahmen diese Aufgabe.

Gewaltiges Labyrinth

Hinter dem eher unscheinbaren Eingang zum eigentlichen Bunker wird einem zunächst noch nicht bewusst, welch gigantische Ausmaße diese Festung in sich birgt. Nach und nach jedoch wird dieses unterirdische Abenteuer immer faszinierender, die Schilderungen der dramatischen Begebenheiten immer eindringlicher und berührender. Mit jedem Meter, den man weiter eintaucht in die finsteren Labyrinthe der Festung, nimmt man mehr Teil an der schicksalhaften Geschichte der zirka 1.200 Soldaten, die dieses Fort im Dunklen der Erde gegen unsichtbare Feinde an der Oberfläche behaupten sollten. Von den vielen Gängen, bis an deren Ende man guten Schrittes teilweise bis zu einer halben Stunde braucht, kilometerlang, eng und steinern, kann man nur wenige zum Bruchteil bewältigen. Das reicht allemal, um am Ende der Führung bei Tageslicht erst einmal viele Eindrücke verarbeiten zu müssen, die unvergesslich bleiben werden. Im Innern sind verschiedene Räumlichkeiten zu besichtigen, darunter der Maschinenraum mit sechs Dieselmotoren, Küchen, Krankenstationen sowie Unterkünfte. Neben einem Museum mit Exponaten der Jahre 1935 - 1944 gibt es auch eine Caféteria. Einer der letzten restaurierten Lastensegler wurde im letzten Jahr als neues Exponat mitten in das Fort gesetzt und komplettiert das beeindruckende Museum. Auf dem Dach der Festung wird der Rundgang außen fortgesetzt. Von hier oben hat man eine weite Sicht über die Maas, den Kanal und das „Loch von Visé“ und man gewinnt einen Blick für die militärische Anlage dieser gewaltigen Bastion, die als uneinnehmbar galt und dennoch nach 31 Stunden Kampf fiel. Die Festung ist einmal pro Monat für ein Wochenende geöffnet. (10.00 bis 16.00 Uhr);

Adresse: Weitere Informationen zu Führungen sind erhältlich bei: Dieter Heckmann; Tel.: 02421 - 879 60. www.fortissimus.be. Privatführungen im Gruppenrahmen sind nach rechtzeitiger Anmeldung möglich.

PROVINZ NAMUR

Grandiose Landschaftsportraits

Route 1
Schnecken, Schlösser und schalkhafte Figuren
Durch das Maastal in die Region Namur

Route 2
Von Namur nach Dinant
Ein Tal voller Schönheit

Route 3
Landpartie der Lebensfreude
Dinant, die Maas und ihre Umgebung

Route 4
Von Dinant Richtung Frankreich
Ganz nah am Fluss

Route 5
Das Lesse-Tal
Im Rhythmus der Strömung

Die Provinz Namur
Grandiose Landschaftsportraits – Kulissen für vielerlei Freizeiterlebnisse

Eine Region, die reich an romantischen Flusstälern ist, an Legenden um Festungen und Felsen lädt zum Entdecken und Erleben ein. Jedes Tal hat seinen besonderen Reiz – **Lesse, Bocq, Somme, Sambre, Orneau, Molignée, Mehaigne, Samson, Viroin, Houille, Semois** und **Hermeton** heißen sie. Dampfloks und Draisinen fahren über Gleise durch die Natur. Die anmutige Landschaft überrascht und zeigt sich vielseitig, geradezu gesegnet mit Abteien, Burgen, Schlössern und Gärten.

Die Wassergärten in Annevoie zählen zu den Top-Zielen in Belgien. Alleen, Laubengänge, Statuen, Trompe l'oeil-Bilder und wunderschöne Blumenbeete vermählen sich mit zahlreichen Springbrunnen, Fontänen, Wasserfällen, Bächen und Quellen zu einer Phantasie anregenden Komposition. Kulturelles und wirtschaftliches Zentrum ist Namur, die barocke Stadt am Zusammenfluss von Maas und Sambre unterhalb der weitläufigen Zitadelle. Namur ist Sitz der wallonischen Regierung und eine heimliche Hauptstadt des Genusses, berühmt für Petit-Gris-Schnecken, Foie Gras von Upignac, Erdbeeren aus Wépion und Karamellbonbons.

Eine Zuckerstrecke – das Maastal

Von Namur bis Dinant zeigen sich die Maas und ihr Tal von ihrer schönsten Seite, mal sanft mit sich im Rhythmus der Wellen wiegenden Booten, mal schroff mit Steilwänden, die jeden Kletterer begeistern. Breite Maasarme öffnen sich hier und da, um friedliche kleine Inseln zu umschließen. Schnuckelige Dörfer und Städtchen, deren Ursprünglichkeit noch greifbar nah erhalten ist, liegen auf dem Weg. Burgruinen, einstmals thronende Wächter auf den Kuppen der Hügelketten, die den Fluss umsäumen, bieten herrliche Fernblicke wie in **Poilvache** aus 100 Metern Höhe.
Und erst **Dinant,** die schönste Tochter der Maas, ein Panorama wie für einen Bildband inszeniert. Unvergesslich bleibt der Blick von der Zitadelle auf die Stadt und das Flusstal. Hier wurde Adolphe Sax geboren, der das Saxophon erfand, hier mündet die Lesse, die kurz vorher noch ins Tal hinunter braust, sanft in die Maas, unweit des legendären spitzen Bayardfelsens.

ROUTE 1

Schnecken, Schlösser und schalkhafte Figuren
Durch das Maastal in die Region Namur
Unsere Route nach Namur führt uns zunächst von der E 40 Aachen-Lüttich, dann über die E 42 Lüttich-Namur bis zur Ausfahrt No. 9 Andenne und über die N 90 nach Franc-Waret.

Franc-Waret – Ein freies Lehen
Der Name **Franc-Waret** bedeutet, dass im Mittelalter das Lehen frei („franc") war. Im 16. Jahrhundert wird in Franc-Waret ein altes Familiengeschlecht begründet, in welchem die Groesbeecks eine bedeutende Rolle spielen. Der Onkel eines Schlossherren von Franc-Waret wird 1564 Fürstbischof von Lüttich (Gérard de Groesbeeck), ein anderer Groesbeeck wird Statthalter von Huy und 1563 ist der große Domprobst der Kathedrale, Paul-Jean de Groesbeeck, Archidiakon des Condroz. Das Intérieur des Schlosses entzückt durch raffinierte Dekors, sehr schönes Mobiliar und eine wundervolle Gemäldegalerie. Es gibt hier ein außergewöhnliches Stück zu bewundern. Es handelt sich um einen Wandteppich mit „Wappenmotiven", der anlässlich der Hochzeit von Jacques de Groesbeeck und Claire-Albertine d'Anneux 1665 angefertigt wurde. Die Sammlung von sechs Brüsseler Wandteppichen (von denen einer nicht mehr aufzufinden ist) entstand unter der Inspiration der berühmten „Chasses Maximiliennes" von 1521. Es ist der Vereinigung der „Jardins-nature de Franc-Waret" zu verdanken, dass die bekannten Themengärten angelegt werden konnten: Kräutergarten, englischer Garten, französisch oder japanisch inspirierter Garten, Wassergarten oder Pfarrgarten, Orangerie und selbst ein Garten der „vergessenen Werte".

Silber unter den Hufen eines Pferdes
Scolastique de Croix, eine Verwandte der Schlossherren von Franc-Waret, hatte eine sehr großzügige Ader, die sich auf originelle Weise zeigte: Ihre Pferde ließ sie mit silbernen Hufeisen beschlagen, die nicht allzu fest sein durften. Aus diesem Grunde fanden die Dorfbewohner auf den Waldwegen öfter ein Hufeisen, das ihnen doppeltes Glück bescherte. **Adresse:** Schloss Franc-Waret; Rue du Village 50 in B-5380 Franc-Waret; Tel.: 0032 81 33 34 04; Ganzjährig von 8.00 bis 20.00 Uhr.

Kulinarischer-Tipp

Die Schnecken von Bierwart
Bei Corinne Flamand de Wulf auf ihrer Schneckenfarm wollen wir uns über eine der Delikatessen dieser Region informieren. Die Weinbergschnecken (L'escargot de vigne) nennen sich hier "Petit Gris" mit etwa 30 mm Durchmesser. Sie werden in Namur gezüchtet. La Ferme du Vieux Tilleul in Bierwart. Restaurant und Geschäft; (www.escargots.info).

Die Enten von Upignac
Sie sind unter dem Label **Upignac Le Foie Gras** von besonderer Güte. Hier gezüchtete Enten (mulard) stammen von der weltberühmten Barbarie-Ente ab. Das Gut der Familie Petit in Upignac ist das Zentrum einer Farm von über 200 ha Land. Hier werden unter anderem Rhabarber und Kirschen für die Marmeladenherstellung angebaut. Materne heißt die überregional bekannte Konfitüren-Marke aus Namur. Ein uriges Restaurant mit Terrasse verwöhnt die Besucher auf dem Innenhof des Gutes mit den Leckereien von Upignac. Fast alles dreht sich dabei um Enten. Es gilt zu unterscheiden zwischen Entenleber als Pastete (pâté de foie gras de canard), erwärmter, eingekochter Leber oder Entenfleisch (Keule und Flügel) gesalzen und gebraten im Steintopf (confit de canard) oder als Filet (Entenbrust - magret de canard), geräuchert oder gebraten (fumé, rôti). Produkte aus Upigny gibt es in den Delhaize Märkten zu kaufen, aber auch in eigenen Restaurants („Upignac le Foie Gras" z.B. in Lüttich am Place du Marché). **Adresse**: Route de la Bruyère 100; B-5310 Upigny; Tel.: 00 32 81 51 20 05. (www.upignac.be).

Nun setzen wir unseren Weg ins Zentrum von Namur, der Hauptstadt der Wallonie, fort.

Namur – Barocke Pracht und liebenswerte Lebensart an den Flüssen Maas und Sambre

Namur ist eine der attraktivsten Städte Belgiens, allein schon wegen der Lage am Zusammenfluss von Maas und Sambre, über den die gewaltige Festungsanlange wacht. Sie ist eine der größten europaweit. Insider kennen Namur als Barockstadt und als Feinschmeckerziel, das etwa 1 1/2 Stunde mit dem PKW von Aachen entfernt ist. Die „Namurois" sind eher stille Genießer und es gilt in dieser zauberhaften Stadt eine Menge zu entdecken. Romantische Plätze, moderne Boulevards und viele alte Häuserzeilen und Kirchen, die in neuer Schönheit erstrahlen, prägen das Stadtbild. Man nimmt sich Zeit hier in Namur, vor allem für den Genuss und eine nachahmenswerte Lebensart. Nicht ganz grundlos wird das Wappentier der Stadt, die „Schnecke", mit einem Augenzwinkern nonchalant mit einem Charakterzug der „Namurois" in Verbindung gebracht. Schnecken (u.a. die „Petit Gris") aus dem Dorf Bierwart nahe Namur und die Entenstopfleber aus dem berühmten Gutsbauernhof von Upignac in Upigny sind besondere Markenzeichen aus den reichen kulinarischen Gefilden dieser Region. Aus den üppigen Landwirtschaften in der Provinz entstammen herausragende Regionalprodukte wie die Marmeladen der Marke Materne oder der Käse aus dem Dorf Maffe bei Havelange.

Naschwerk und Parfüm vom Feinsten

Das berühmte weiche Karamellbonbon aus Namur heißt Biétrumé Picard. Erlesene Spezialitäten aus der schier unerschöpflichen Vielfalt wallonischer Kreativität in punkto Kuchen, Torten und Schokoladen findet der Genussmensch im **„La Maison des Desserts"** in der Rue Haute Marcelle, im Herzen der Fußgängerzone, und natürlich Karamellbonbons. Im entzückenden und gediegenen Ambiente des schicken Cafés nimmt man gerne Platz. Ein paar Schritte um die Ecke locken die Versuchungen bei „Galler“. In der formidablen Schokoladenboutique des berühmten belgischen Chocolatiers gibt es Edles im edlen Ambiente. Im schönsten Quartier der Stadt an der Place St. Aubain speist „Tout Namur“ in der **Brasserie Henry**. Hier lebt die Belle-Epoque auf. Frankophone Lebensart wird zum originellen Erlebnis. Den Berg der Zitadelle zu ersteigen lohnt sich in mehrerlei Hinsicht. Der Blick über Stadt und Tal ist ein Must See. Die Festung zu durchstreifen offenbart so manche Entdeckung. Vor allem, wenn man an der Schwelle zum Showroom einer Parfümmanufaktur steht. In der Tat ist hier oben seit 1990 das Refugium von **Guy Delforge,** einem Schöpfer feiner Essenzen aus Namur. Guy Delforge hatte die Idee, die alte Offiziersmesse, die im 19. Jhdt. als militärisches Artillerielabor und später als militärischer Taubenschlag diente, zu restaurieren.

© OPT - JP Remy

Heute steht im Hof der Festung in einem schönen Gebäude ein Verkaufsausstellungsraum, der der Kunst der Parfümherstellung alle Ehre macht. In dieser sympathischen und eleganten Atmosphäre wurden bereits königliche Besucher und Botschafter empfangen. Es ist ideal für Gruppen jeden Lebensalters. Als genialer Kompositeur erdachte Delforge einen unterirdischen

Weg, auf dem man jede Stufe seines außergewöhnlichen Berufes erleben kann. Die Parfüms entstehen und reifen in den ehemaligen Kasematten der Zitadelle aus dem 16. Jahrhundert. Mehr als 100.000 Besucher vor allem aus Belgien, Frankreich, Deutschland und den Niederlanden besichtigen jedes Jahr das Parfümparadies. Die Szenerie Namurs wird dominiert von der mächtigen **Zitadelle** auf dem Hügel Champeau. Im 15. Jahrhundert ging die Grafschaft Namur in den Besitz der Burgundischen Herrscher über. Gegen Ende des 15. Jahrhunderts waren die Habsburger die Herren in dieser Region. Ab dem 16. Jahrhundert wuchs Namur zur bedeutenden militärischen Bastion und zur größten Festungsstadt Europas. Viele Belagerungen bestimmten fortan ihr Schicksal.

Großes Aufsehen in ganz Europa erregten vor allem die Belagerungen durch die Truppen Ludwigs XIV (1692) und des englischen Königs, Wilhelm III. von Oranien (1695). Alle diese Zerstörungen zogen einen umfangreichen Wiederaufbau im 18. Jahrhundert nach sich, den das heutige Stadtbild wiedergibt. Auch in den beiden Weltkriegen wurde Namur nicht verschont. Nach dem Krieg wurde sie als Hauptstadt der Wallonie eine prosperierende Stadt voller Kultur, Geschichte und moderner Elemente. Die Zitadelle war seit ihrer Erbauung stets von Militär genutzt, bis 1978 die Fallschirmjäger abzogen und der Ort dem Tourismus vorbehalten wurde. Besichtigt werden können u.a. die unterirdischen Gänge und verschiedene Ausstellungsräume der Artillerie. Restaurants mit Gerichten aus der Region runden das Angebot ab. Die Anfahrt über die Serpentinen der Route des Merveilleuses bietet einen schönen Blick über das Tal von Sambre und Maas.

Überhaupt wird ein Anstieg auf diese gewaltige Festung mit den schönsten Ausblicken über die Silhouette Namurs belohnt. In der Rue Julie Billiart unweit des Theaters birgt das Institut Notre Dame einen der berühmtesten Kunstschätze des Landes, der in die ganze Welt zu namhaften Ausstellungsorten verliehen wird – der **Trésor d'Oignies aux Sœurs de Notre-Dame**. Die kostbaren, in dieser Form einzigartigen, maasländischen Goldschmiedekunstarbeiten vom Beginn des 13. Jahrhunderts von Le Frère Hugo d'Oignies zeigen Reliquien, Gebetsriemen, Evangelienbuch, Manuskripte, Glas-, Elfenbein-, und Emaillekunst. Das komplette Werk des Künstlers ist an diesem einen Ort aufbewahrt. Die Schwestern des Klosters hüten seit 1818 diesen Schatz.

Reich an Kirchen und Museen

Einige Schritte weiter eröffnet sich das Théâtre Royale aus dem 19. Jahrhundert. Nach mehreren Bränden immer wieder restauriert, wurde das Theater von 1994 - 1998 komplett modernisiert und bildet damit eine perfekte Harmonie von klassischer Architektur und moderner Technik. Den Charme bestimmen vor allem das neo-klassische Eingangsportal, das Foyer und der blendend schöne Innenraum mit dem imposanten Kuppelgemälde. Auf dem Theaterplatz laden Cafés und Restaurants ihre Besucher ein. Es ist eine wunderbare Gelegenheit für eine Rast und eine kleine Mahlzeit an diesem charmanten Flecken. Gegenüber dem Theater-Platz führt die Fußgängerzone auf die Place d'Armes mit der Börse. Von hier aus erreicht man in wenigen Minuten das Archäologische Museum auf der Rue du Pont direkt an der Sambre. Es ist in der ehemaligen Fleischhalle (1588 - 1590), einem Gebäude im Stil der Maas-Renaissance, untergebracht. Ein Spaziergang entlang der Rue des Brasseurs bietet Blick auf die ehrwürdige Festung auf der Landspitze zwischen Maas und Sambre. Ziemlich am Ende der Straße geht es rechts ab in die Rue Fumal 12, wo das Museum **Félicien Rops** einen Besuch wert ist. Félicien Rops (1833 - 1898) war einer der bedeutendsten Karikaturisten, Lithographen und Zeichner seiner Zeit. Sein umfassendes Werk ist in den Räumen des interessanten Bürgerhauses aus dem 19. Jahrhundert ausgestellt. Die Rue Fumal stößt auf die Rue de Collège. Die **Kirche St-Loup** aus dem 17. Jahrhundert im Barockstil mit üppigen Innendekors und Hochreliefs fällt allein schon durch ihre schöne Fassade ins Auge. Besonders auffällig sind auch im Inneren die Marmorarbeiten aus rotem (Rochefort) und schwarzem (Mazy) Marmor sowie die Deckenverzierungen aus Mergelstein. Über die Rue de Collège führt der Weg zum Place St. Aubain, den man überquert, um in das schönste Haus Namurs, das **Musée de Groesbeek de Croix,** in der Rue Joseph Saintraint 3, einzutreten. Die frühere Stadtresidenz der Äbte von Villers (18. Jahrhundert) beherbergt das Museum der Stadtgeschichte. Original erhaltenes Intérieur und dekorative Kunst aus dem 18. Jahrhundert sind ebenso sehenswert wie der sehr schöne Garten. Die **Kathedrale St-Aubain** (Bild folgende Seite) vis- à- vis im klassischen Stil des 18. Jahrhunderts besticht durch Kunstwerke des Barock aus den Abteien und Kirchen der Region. Die sagenhafte Kuppelkonstruktion kann es mit den großen Kirchenbauten Europas aufnehmen. Pizzoni, der Architekt Karls von Lothringen, hat sie geschaffen.

Das **Musée diocésain et trésor de la cathédrale**, direkt neben der Kathedrale gelegenes Museum von 1896, dient der Erhaltung und Darbietung religiöser Kunstwerke aus Kirchen, Abteien und Klöstern der Diözese Namur-Luxemburg. Die Schatzkammer birgt Meisterwerke der Goldschmiedekunst aus dem 13. Jahrhundert. Wenige Meter vor dem Rathaus von Namur liegt das **Musée Des Arts Anciens Du Namurois**, in einem Patrizierhaus aus dem 18. Jahrhundert, dem **Hôtel de Gaiffier d' Hestroy** in der Rue de Fer 24. Ein Rundgang durch Sammlungen aus dem Mittelalter und der Renaissance bringen einem die Geschichte Namurs näher: Gezeigt werden u.a. Skulpturen aus Stein und Holz, Gemälde, Goldschmiedekunst, Messingwaren, Glaskunst, Kunstschmiedearbeiten.

Die Region des Samson zwischen Andenne und Namur bietet herrliche Ausblicke von luftigen Felshöhen, artenreiche Vegetation und legendenumwobene Ruinen und Höhlen (in Goyet). Zwei der schönsten Dörfer der Wallonie schmücken dieses Tal – **Thon** und **Mozet.** Auf einer Höhe angesiedelt ist **Thon** umgeben von Wiesen und den Dickichten des „Vallée du Samson“. Von den über 100 Meter hohen Felsen bietet sich ein Panoramablick. Die

Szene wird beherrscht vom Schloss und der Pfarrkirche St. Rémy aus Ziegel- und Blaustein aus dem Jahre 1780. Gegenüber liegt das Landschloss von Thon (16. - 17. Jahrhundert), ein Kalksteinbau in L - Form mit Schlosshof. Auf dem Südhang des Samsontales ausgebreitet, zeigt das bummelige **Mozet** den ganzen Charme seiner steinalten Geschichte. Von dieser Vergangenheit zeugen Funde aus der prähistorischen Zeit der nahen Grotten von Goyet. Der alte Dorfkern, eingenistet in eine Mulde des Tales, konzentriert sich um die Kirche. Bemerkenswerte Gehöfte stammen aus dem 17. - 19. Jahrhundert (Douxflamme, de Royer, de Basseille), das Schloss aus typischem Bruchstein aus dem 17. Jahrhundert.

! *Tipp*

Adressen in Namur und Hoteltipps:

Maison du Tourisme; Square Léopold; B-5000 Namur; Tel.: 0032 081/24 64 49; Zitadelle: www.citadelle.namur.be

Diözesanmuseum und Schatzkammer der Kathedrale St. Auban; Place du Chapitre 1; B-5000 Namur; Tel.:003 04 76/97 23 24

Musée de Groesbeek-de Croix; Rue Saintraint 3; B-5000 Namur; Tel.: 0032 081/24 87 24

Trésor du Prieure d'Oignies, Rue J. Billiart 17; B-5000 Namur; Tel.: 0032 081/25 43 00

Félicien Rops Museum; Rue Fumal, 12; B-5000 Namur; www.museerops.be

www.maison-des-desserts.be, www.brasseriehenry.net
www.tanneurs.com (Hotel mit originellen Zimmern)
www.newhoteldelives.com (3-Sternehaus an der Maas)
Hotel Villa Gracia an der Maas etwas außerhalb von Namur; 1455, Chaussée de Dinant, B-5100 Wépion; Tel.: 0032(0) 81 414343

Floreffe – Abteibier und das berühmte Chorgestühl

Wir erreichen etwa 15 Minuten vom Zentrum Namurs entfernt über die N 90 entlang der Sambre die mächtige **Abtei von Floreffe**. Die im Jahre 1121 gegründete Abtei Floreffe ist eines der imposantesten Bauwerke der Provinz Namur. Ihre Gebäude erheben sich über der Sambre. Sie stammen aus dem 12. - 20. Jahrhundert. Die im 18. Jahrhundert im neoklassizistischen Stil umgebaute Abteikirche (92 m lang) erfreut das Auge des Besuchers mit wertvollem Mobiliar.

Das berühmte Chorgestühl (74 Stühle und tausende Heiligenmotive) von Peter Enderlin, das zu den schönsten der Welt gehört, ist über 300 Jahre alt und hat nichts von seiner Pracht eingebüßt. Eine Gruppe von 10 großen Lütticher Statuen, darunter die Jungfrau von Jean Delcour aus dem Jahre 1692, und der Hauptaltar zählen ebenfalls zu den Schmuckstücken der Abteikirche. In den mittelalterlichen Nebengebäuden ist ein Museum untergebracht. Die vor 20 Jahren restaurierte ehemalige Brauereimühle aus dem 13. Jahrhundert (das einzige Gebäude im Originalzustand) dient heute den Gästen, die mit Spezialitäten aus Floreffe verwöhnt werden. (www.abbaye-de-floreffe.be).

In der Nähe von Floreffe liegt das sehenswerte **Fosses-La-Ville** (über die N 90 zu erreichen). Der Ort in der Region Entre-Sambre-et-Meuse entstand um ein Kloster, das der irländische Mönch Saint Feuillen im 7. Jahrhundert gründete. Die spätere merowingische Kirche wurde in der karolingischen Epoche durch zwei aufeinander folgende Bauten ersetzt, von denen nur noch ein Vorbau erhalten blieb. Lüttichs Fürstbischof Notger (um 974) baute die Kirche zu ihrer heutigen Form aus (u.a. mit dem romanischen Turm). Im Jahre 1086 entstand die Krypta mit der Reliquie des Saint Feuillen.
Nach mehreren Beschädigungen und Reparaturen erfuhr das Haus zwischen 1721 und 1723 eine gründliche Renovierung. Das Innere besitzt mit dem barocken Hochaltar, Holzstatuen, Gemälden, dem Lettner und dem Orgelgehäuse sehr beeindruckende Kirchenschätze. Der Ort Fosses-La-Ville ist einer der Hauptveranstalter der traditionsreichen Militärmärsche (marche militaire), die auf das 17. Jahrhundert in der Region Sambre et Meuse zurückgehen. Er ist hier ebenso berühmt wie selten. Alle sieben Jahre findet das Ereignis am letzten Sonntag im September statt.

Von Namur nach Dinant – Ein Tal voller Schönheit

Zwischen Namur und Dinant beschreibt die Maas einen ihrer schönsten und legendärsten Flussabschnitte mit bizarr abfallenden Felshängen, malerischen Ortschaften, urwüchsigen Tälern und enormen Ausblicken. An ihren Ufern liegen herrschaftliche Anwesen, deren Grünanlagen die Maas berühren. Boote schaukeln an ihren hölzernen Anlegestellen, wenn die weißen Ausflugsdampfer von Namur nach Dinant ihre Bugwellen auf die breiten Wasser der Maas legen. Diese anmutige Landschaft ist überraschend nah und vielseitig, geradezu gesegnet mit einem Reichtum an Schlössern, Gärten und Klöstern, deren Entdeckung dem Reisenden wahre Sinneserlebnisse beschert. Wer von Namur an der Maas entlang nach Dinant fährt (N 92), sollte unbedingt in Annevoie Halt machen. Auf halber Wegstrecke biegen wir ab zum Wasserschloss von Annevoie mit seinen unvergleichlichen, fürstlichen Gärten mit ihren imposanten Wasserspielen, die zu den schönsten in Europa gehören **(über die N 932 der Beschilderung Annevoie folgen)**

© OPT - JP Remy

„Château d' Annevoie" – Fürstlich flanieren im Park

In der zweiten Hälfte des 18. Jahrhunderts wurden die Schlossgebäude von Annevoie erweitert und der zwölf Hektar große Park unter der Regie von Charles-Alexis de Montpellier angelegt. Der reiche Meisterschmied und begabte Ästhet verstand es vortrefflich englische, französische und italienische Stilelemente in den grandiosen Naturschauspielen dieser Gärten auszudrücken. Das besondere an diesen Wassergärten ist die Kunst an jeder Ecke, an jeder Wegbiegung neue, raffinierte Perspektiven und überraschende Formen anzubringen. Alleen, Laubengänge, Statuen, Trompe l'oeil-Bilder und wunderschöne Blumenbeete vermählen sich mit zahlreichen Springbrunnen, Fontänen, Wasserfällen, Bächen und Quellen zu einer phantasievollen Naturwelt. Das spiegelnde Wasser ist allgegenwärtig. Überall plätschert, gurgelt, springt und fließt es. Die Gärten werden von vier Quellen gespeist. Ganz ohne Maschinerie bewegt sich das Wasser ununterbrochen, nur mit natürlichem Gefälle und Schwerkraft, seit einem Vierteljahrtausend durch das Blumen- und Blütenspiel der Gärten von Annevoie. **Adresse:** Gärten und Schloss von Annevoie; Rue des Jardins 37a in B- 5537 Annevoie; Tel.: 0032 (0) 82 67 97 97; www.annevoie.be.

! ***Tipp***

Bed & Breakfast: Le Manoir Ivoire; Eine Unterkunft voller Stil und Atmosphäre, 2 Zimmer und 2 Suiten; 4-Ähren-Kategorie. Englischer Cottage Stil mit französischer Eleganz. Wunderschön möbliert. An der Maas gelegen in Wépion, direkt bei Namur. www.manoir-ivoire.com

---

Wir setzen unsere Route von Annevoie aus fort über die Landstraße bis wir der Beschilderung nach Maredsous folgen. Zunächst passieren wir **Bioul**, ein schmuckes Ardennendorf mit seinem hinter Mauern verborgenen Schlossgelände. Dann gelangen wir ins Tal der Molignée.

Das idyllische Tal der fünf Abteien

Die **Molignée** fließt durch ein stilles Seitental der belgischen Maas. Der Besucher entdeckt Klöster, Schlösser und malerische Weiler in abgeschiedener Natur. Sie entspringt bei Florennes und fließt bis zur Maas gerade einmal 20 km. Gleich fünf Klöster und mehrere bezaubernde Weiler und Dörfer wie **Falaën** und **Sosoye** machen es zu einem der reizvollsten Ausflugsziele der Region. Bereits in **Ermeton-sur-Biert**, dem ersten beschaulichen Weiler im Tal der Molignée, steht ein Benediktiner-Kloster im Schatten mächtiger Lindenbäume. Wenige Kilometer weiter bietet die **„Abtei St. Gérard de Brogne“** ihren Gästen angenehmes Rasten. Auch im Dorf **Maredret** zwischen

Ermeton und Maredsous gibt es ein Kloster. Es entstand erst im 19. Jahrhundert, heute beten hier Benediktinerinnen. Die Straße biegt langsam bergab auf eine bewaldete Ebene zu. Die zwei grazilen Türme der Abteikirche von **Maredsous** schimmern silbergrau über den Baumkronen des ausgedehnten Abteiparks. Die majestätisch strenge Benediktinerabtei wurde 1872 gegründet und ist das größte und imposanteste Kloster der Region. Die Abteigebäude sind für die Öffentlichkeit nicht zugänglich, die Abteikirche aber schon.

Draisines de la Molignée © OPT

! *Tipp*

Mit der Draisine über Brücken und durch kurze Tunnel im Molignéetal, Länge – drei oder vier Kilometer; Draisines de la Molignée, Rue de la Molignée 116; B – 5537 Anhée; Tel.: 0032 82 699 079; www.draisine.be; **Falaën** ist eines der „schönsten Dörfer der Wallonie“ in prachtvollem Bruchstein und mit dem Schlossgut der Bruderschaft Lî Crochon.

Im Centre Saint-Joseph und dem Foyer La Clairière mit großer Terrasse und Innenhof kann man vor allem Käse, Brot und Bier verkosten. Seit 1953 wird in Maredsous ein hervorragender Käse hergestellt. Die „Käse-Rohlinge“ (die „Caillés“) werden in der Käserei im nahen Cléry an der französischen Maas hergestellt und reifen anschließend in den Kellern der riesigen Abtei bei durchschnittlich 12°C und 95 % Luftfeuchtigkeit 22 Tage lang. Maredsous - Abteikäse zählt wie das schmackhafte Bier zu den Markenprodukten wallonischer Lebensart und ist z.B. auch in den Delhaize Märkten erhältlich. Sanft bahnt sich das Flüsschen seinen Weg, von Baumgruppen und wilden Büschen umrahmt, von saftigen Wiesen und Feldern begleitet, die sich das Terrain mit dichtem Waldbestand teilen. Fast unbemerkt erreicht man hinter einer der zahlreichen Straßenbiegungen die gespenstige Burgruine von Montaigle, einst wehrhaft zwischen grünen Hügeln und Wald auf einem Felssockel den Angreifern trotzend. Noch bis Anhée erstreckt sich das verwunschene, schnörkelige Seitental bis man wieder die große Maas erreicht. Hier in der Nähe erinnern lediglich noch Überreste des Mauerwerks an ein einst weithin bekanntes Kloster beim Weiler **Moulins**.

Von Anhée aus erreichen wir das legendäre Dinant wieder direkt an der Maas entlang. Doch zunächst wollen wir uns hier per Abstecher über Yvoir am Maasufer (N 937) ein reizendes Dorf anschauen.

Crupet

Auf der Höhe des Dorfes befindet sich die romanische Kirche Saint-Martin mit ihrem Turm aus dem 12. Jahrhundert in schattiger Nähe eines uralten Lindenbaumes.Unterhalb zeigt sich der mächtige Belfried (12. Jahrhundert) des Schlosses der Carondelet, umgeben von Wassergräben. Im 16. Jahrhundert wurde es umgebaut. So erhielt der Belfried einen erkerförmigen Dachaufbau mit Fachwerkgemäuer und andere Fensteröffnungen. Der Ort trägt zu Recht den Titel eines „der schönsten Dörfer der Wallonie“ zu sein. Im beschaulichen Crupet versteht man zu leben. Das **„La Besace“** ist eines derjenigen Lokale, wo die belgische Lebensart besonders gepflegt wird. Auf die Tische dieses kleinen, urigen Restaurants in der Rue Haute 11 vis à vis der Kirche kommen ausschließlich Qualitätsprodukte aus der Region. Vor allem viel Fleisch (der blau-weiß-belgischen Rasse) und Wild nach Saison. Vom Eisbein, Rippchen oder phänomenalen Rindfleischspießen bis zu Hase und Fasan.

ROUTE 3

Landpartie der Lebensfreude

Dinant, die Maas und ihre Umgebung – ein Glücksfall für Genießer und Naturliebhaber

Wie ein kleiner Grand Canyon gräbt sich das breite und schroffe Maastal bei Dinant in das Ardenner-Plateau. Die vielen niedlichen Nebenflüsse und ihre verwunschenen Täler kräuseln sich rechts und links in die Landschaft. Wanderer entschwinden in die pure Natur und stehen staunend vor majestätischen Abteien und wehrhaften Burgen. Die Perle **Dinant** wartet nur darauf, vor den Besuchern den ganzen Reiz ihrer Sehenswürdigleiten auszubreiten. Die Region atmet faszinierende Geschichte um Legenden und Berühmtheiten. Man schätzt, dass Dinant vor über 5.000 Jahren wahrscheinlich durch emigrierte Trojaner gegründet wurde. Es ist ein lohnendes Ziel, nicht nur für ein Wochenende. Eines der letzten unverbrauchten Naturparadiese in Europa scheint für Entdeckungstouren zu Naturwundern, malerischen Dorfflecken und Horten des guten Lebens wie geschaffen zu sein. Hier lässt sich auf verlockende und vielseitige Weise verweilen. Eine Landpartie eröffnet ungeahnte Schatzinseln. Für den Genussmenschen, der vielleicht eher die feinen und typischen Regionalspezialitäten bevorzugt, ist die Gegend genauso ein Volltreffer wie für den aktiven Urlaubsgast, der antike Höhlenformationen durchstreift und auf der Draisine gemächlich das Panorama eines romantischen Maasnebentals an sich vorbei ziehen lässt.

Bei Burgherren, Bierbrauern und Bonvivants

Wir beginnen einen Wochenendausflug in **Spontin**. Das kleine mittelalterliche Dorf duckt sich in die Landschaft wenige Kilometer oberhalb von Dinant. Wer sich über diese Route dem Maastal nähert, kann so einiges entdecken. Spontin ist bekannt für seine wuchtige Schlossanlage, die eine mystische Atmosphäre birgt, in eine Schleife des Baches **Bocq** gebettet, umringt von den alten Bruchsteinhäuschen und Gebäuden, die in einer anderen Zeit zu schlummern scheinen.

Eine Kulisse für einen Historienfilm. Die Herren von Spontin zählen zur Linie der Beauforts. Der letzte Burgherr, ein über die Grenzen hinaus angesehener, sehr Kultur beflissener Adliger, fiel einem Kapitalverbrechen zum Opfer. Von Spontin bietet sich auf dem Weg nach Dinant ein Abstecher zur nahe gelegenen „**Brasserie du Bocq**" in Purnode an. Dass man sich in der Wallonie vortrefflich aufs Bierbrauen versteht, davon sollte man sich in diesem Traditionsunternehmen von 1858 z.B. bei einer Führung mit Verkostung überzeugen. Die wallonischen Bonvivants lieben nicht nur ihre Regionalbiere und Spezialitäten, sondern auch die Pflege einer hervorragenden Gastronomiekultur, die ihnen quasi in die Wiege gelegt wird. In Dorinne, im Nachbarort, repräsentiert Maître Jean-Paul Godelet im „**Le Vivier d'oies**" seit über 30 Jahren diese kulinarische Klasse.

Das Bruchsteingebäude eines ehemaligen 250 Jahre alten Bauernhofes wurde zu einem Refugium des guten Geschmacks. In den sehr gediegenen Räumlichkeiten kommt der original erhaltene Charme zur Geltung, auf der einen Seite extravagant und klassisch, auf der anderen modern und hell. Wir finden hier einen idealen Rahmen für ein superbes Diner zum Ausklang des Tages.
Von Dorinne geht es in Richtung Dinant. Die Straße windet sich durch eine Landschaft mit toskanischen Zügen. Ziemlich steil bergab senkt sie sich auf den Fluss zu. Kurz vor dem Tal fällt der Blick auf den Glockenturm der **Abtei von Leffe**, deren Backsteinmauerwerk im späten Sonnenschein wie Abendrot leuchtet. Sie genießt wegen ihres Abteibieres Weltruf.

! Tipp

Adressen:

Brasserie du Bocq s.a.; Rue de la Brasserie, 4; B-5530 Purnode; www.bocq.be

Le Vivier d'Oies; Rue de l'Ètat 7; B-5530 Dorinne; Tel.: 0032 083 / 69 95 71 www.levivierdoies.be

Hotel Le Castel; Übernachten auf komfortable Weise in einem typischen Herrenhaus der Region lässt sich im **Hotel Le Castel** in Fosses-la-Ville vor Namur, das seine Gäste mit einer ganz persönlichen Atmosphäre beglückt. Rue du chapitre 10; B-5070 Fosses-la-Ville; Tel.: 0032-71-71 18 12; www.lecastel.be

---

Freizeitspaß zwischen Felsen, Flüssen und Festungen

Im Jahre 1152 wurde Leffe vom Hl. Norbert als Schwesterabtei der von ihm ebenfalls gegründeten Abtei Floreffe bei Namur (1121) errichtet. Mit dem Brauen des namhaften Bieres begann man 1240. Heute wird vor Ort nicht mehr gebraut. **Notre Dame de Leffe** zählt zu den am besten erhalten gebliebenen Prämonstratenser-Klöstern in Belgien. Nun hat man die Maas direkt vor sich. Einige hundert Meter auf das Zentrum Dinants zusteuernd steigt die Spannung bis hinter einer Biegung die Postkartensilhouette von Dinant die Blicke nahezu magisch anzieht. Das Motiv aus dem Bilderbuch mit dem Ensemble der Stiftskirche, über die die alles überragende Zitadelle ihre schützende Hand zu halten scheint, wird kein Besucher so schnell vergessen. Dinant besitzt ein Füllhorn an Attraktionen gepaart mit viel Geschichte. Die Stadt ist durch zwei Dinge berühmt geblieben, zum einen sind es die **Dinanderien** (Messingwaren) und zum anderen das Saxophon. **Adolphe Sax**, der Erfinder dieses legendären Musikinstruments, ist ein Sohn der Stadt (1814-1894). Felsenformationen sind das charakteristische Landschaftsmerkmal in und um Dinant. Die Zitadelle, der mächtigste Wächter unter den vielen Burgen an der Maas, thront auf ihrem eigenen Plateau. Die **Grotten von Dinant** zählen zu den schönsten der Region und mit einer Legende der vier Haimonsbrüder verbunden ist der markante Bayard-

Spitzfelsen direkt am Ufer, ein sagenumwobenes Monument als eine Art besonderes Stadttor. Wie prächtig sich das Maastal bei Dinant präsentiert, erkennt man sehr schön bei einer Bootstour bis nach Freyr und zurück. Mit Schiffen der „Compagnie des Bateaux“ oder der „Compagnie Bateaux Bayard“ geht es bis zum Schloss von Freyr, das fast mit den Füßen in der Maas steht und durch seine zum Flanieren verführenden Gärten begeistert. Direkt gegenüber bietet sich der beste Blick auf die famosen Felswände dieses Maasabschnittes, die weißgrau schimmernd ihre scharfen Zacken aus den dichtgrünen Waldhängen strecken.

! *Tipp*

Attraktionen in und um Dinant:

La Compagnie des bateaux touristes de la Meuse S.A.; www.bateaux-meuse.be – Bateaux Bayard; www.dinantourism.com

Zitadelle von Dinant; www.citadelledédinant.be; Grotten La Merveilleuse in Dinant; www.dinantourism.com

Abtei Maredsous; www.maredsous.be; Lesse Kayaks & Dinant Aventure; Place Baudouin 1er, 2; B-5500 Dinant-Anseremme; Tel.: 0032 (0) 82 22 43 97; www.lessekayaks.be

---

Dinanteser Spezialitäten

La Flamiche ist eine Torte aus dem dortigen Romedenne-Käse (fromage de boulette) und Eiern, die heiß serviert wird (deshalb werden Sie sie nirgends in den Schaufenstern und Vitrinen der Konditoren finden). Sie passt ideal zu einem Glas Roten Burgunder. Die Couques de Dinant sind eine Art Printen-Gebäck aus einer raffinierten Mischung von Weizenmehl und Honig (mittel- oder südamerikanischer Herkunft). Die traditionelle Kunst (bereits im 15. Jahrhundert bekannt) der besonderen Backtechnik bleibt das Geheimnis der „Couques de Dinant“. Sie werden verziert mit Motiven u.a. der Dinanteser Geschichte. Die Figuren stammen von Holzformen aus Birnbaum, Nussbaum oder Buche.

Zitadelle mit Panoramaaussicht

Der Rundblick über Dinant und das Maastal ist ein tolles Erlebnis. Der Anstieg ist über Treppen (408 Stufen), per Lift oder Seilbahn direkt an der Kirche Notre Dame unterhalb des Felsens möglich. Die Anfahrt per Auto führt über die N 936. Vor der Zitadelle befindet sich ein großer Parkplatz. Es gibt ein Restaurant, eine Terrasse und ein Museum mit Objekten der bewegten Geschichte der gigantischen Festung (Kanonen, Kerker, Pferdewagen, Militaria). Man kann generell die Errichtung einer Festung an der heutigen Stelle von Dinant in die Römerzeit zurückverfolgen.

Idyllisches Dinant

Im 11. Jahrhundert baute Nithard, Bischof von Lüttich, hier eine Kapelle und eine Burg. Von da an erlebte Dinant ein bewegtes Schicksal mit Eroberungen, Rückeroberungen und Zerstörungen durch die Burgunder, Spanier, Franzosen und Holländer bis 1815. Seit diesem Jahr existiert das heute bekannte Stadtbild von Dinant. Im zweiten Weltkrieg wurde die Zitadelle durch die Nazis besetzt und 1944 von der US-amerikanischen Armee befreit. Heute ist die Zitadelle ein Museum mit lebensgroßen Modellfiguren, die in Szenen die Historie mit Leben erfüllen. (www.citadellededinant.be)

ROUTE 4

Von Dinant Richtung Frankreich – Ganz nah am Fluss
Die Region der Dinanteser Maas ist äußerst reizvoll. Natur pur, grandiose Täler, versteckte Schlösser, Felsenwelten, Grotten und schmucke Dörfer wie **Hastière** am Ufer der Maas mit seiner romanischen Kirche an der Brücke… bis hinein nach Frankreich Richtung Sedan.

Gegenüber der Kirche von Dinant passiert man die Maasbrücke, um linkerhand an der Maas entlang Richtung Freyr zu fahren.

Felsen bei Freyr

Schloss Freyr – Flanieren an den Ufern der Maas
Das Schloss mit seinen Renaissance-Gärten mit berühmten Orangenbäumen, **Rokoko-Pavillon** und herrlicher Panoramalage direkt an der Maas hat eine königliche Vergangenheit. Die unbestrittene geografische und kulinarische Nähe Belgiens zur „Grande Nation“ erhält in Freyr weitere interessante Facetten. Das wenige Kilometer südlich von Dinant und nahe der französischen Grenze an einem der schönsten Maasabschnitte gelegene Schloss besitzt den „französischsten Schlossgarten Belgiens“. Er wurde um 1760 im

Stil eines **Renaissance-Gartens** neu gestaltet und ist offensichtlich von Einflüssen der Schlossgärten von Versailles geprägt. Eine zauberhafte Anlage von Geradlinigkeit, Symmetrie und Strenge war das Ergebnis. Jeder Weg, auch durch das sechs Kilometer lange, barocke Heckenlabyrinth führt zum Rokoko-Pavillon, der 1774 für die Tochter Kaiserin Maria Theresias von Österreich errichtet wurde. Sicher ist, dass die 33, zum größten Teil über 300 Jahre alten Orangenbäume von Freyr aus Nancy stammen. Der dort im Exil lebende König von Polen, Stanislas Leszcynski, schickte sie nach Freyr. Die Besichtigung des Schlossinneren ist ein Erlebnis für die Sinne. Mobiliar, Gemälde, Skulpturen und Tapisserien bezaubern den Besucher: in weiten Korridoren mit Fresken, die an italienische Palazzi erinnern, in der Kapelle mit Rokoko-Altar, in den Salons und dem Speisesaal mit famosem Renaissance-Kamin, dessen Bestandteile zu Fuß aus der Picardie hierher transportiert wurden.

Gärten von Freyr

Adresse: Château de Freyr; Freyr 12 in B-5540 Waulsort – Hastière; Tel.: 0032 82 22 22 00; www.freyr.be;

ROUTE 5

Das Lesse-Tal – Im Rhythmus der Strömung

Kurz hinter der Durchfahrt des Bayard-Felsens von Dinant aus liegt **Anseremme** am versteckt gelegenen Eingang des zerklüfteten Lesse-Tals. Im Tal des Maasnebenflusses bei Dinant vibrieren die Kajaks im Rhythmus der Strömung. Auf den naturintensiven Routen kann man die Seele baumeln lassen und die echten Ardennen genießen. Die blauen und roten Nussschalen gleiten über das sanft wirbelnde Wasser, die Sonne blinzelt durch das Grün der Baumkronen, hoch über den Köpfen der Kajakfahrer taucht auf den Rand der Steilwand eines Felsplateaus gesetzt ein mächtiges Schloss auf. Ob der Burgherr von **Walzin** wohl aus einem der vielen Fenster auf die Lesse zu den Freizeitpaddlern herabschaut? Es duftet nach Wald und Wasser, frische Luft umweht die Nase, die Stille und das Rauschen des Flusses ziehen einen in den Bann. Kajakfahrten auf der Lesse durch die Ardennen in der wild-romantischen Region bei Dinant machen richtig Spaß.

© Lesse-Kayaks

Der Maasnebenfluss Lesse und sein Tal gehören zu den interessantesten touristischen Attraktionen des Landes, mit einer prickelnden Natur, tollen Aussichten und einer abwechslungsreichen Kajakfahrt vorbei an baumgesäumten, dichtgrünen Ufern, im Schatten von Felshängen und über freie Lichtungen mit Kieselbänken. Die Lesse fließt in Dinant in die Maas, an einem legendären Ort, Anseremme, gleich bei der Passage durch den Spitzfelsen **Rocher Bayard** aus der Sage der vier Aymons-Brüder zur Zeit Karls des Großen. In Anseremme ist auch der Ausgangspunkt für die Kajaktouren mit "Lesse Kayaks". Man kann den Wagen auf dem Parkplatz abstellen und wird mit dem Shuttle zu einem der beiden Startpunkte oben im Lessetal gebracht. Ausrüstungen werden vom Veranstalter gestellt. Entsprechende Kleidung und Schutz der mitzunehmenden Sachen im Kajak vor Nässe ist empfohlen.

Zwei Abfahrtstouren

In Houyet beginnt die 21 km lange Abfahrt (rund 5 Stunden Dauer) und in Gendron die 12 km lange Route (rund 2 Stunden Dauer). Auf dem Fluss sind Stopps möglich, um eine Rast einzulegen z.B. an den Campingarealen "Paradiso", "Lesse" und "Villatoile". Zwei Wasserstufen mit kleinen Wasserfällen sind auf der Lesse zu überwinden, eine bei Walzin und eine bei Villatoile. Das untere Lessetal ist schmal, schnörkelig, dicht bewachsen und von natürlicher Urwüchsigkeit. Der Blick auf das geheimnisvoll wirkende Schloss Walzin, das die Bootfahrer zu beschützen scheint, bereitet malerische Impressionen. Es ist nicht zu besichtigen, aber die Suche nach dieser Szenerie ist eine Reise wert. Mitten in der Natur stößt man auf den **Parc de Furfooz**, einem Naturmonument mit prähistorischen Kavernen an einer Lesseschleife. Man kann das Tal auch mit dem PKW entdecken bzw. noch besser erwandern. Die Landstraße von Anseremme an Walzin vorbei zieht sich weiter steil bergan bis auf die Höhe und zum Parc de Furfooz, dem Naturphänomen mit prähistorischen Kavernen an einer Lesse-Schleife. Etwa zwei Kilometer vor dem Ardennen-Dorf **Celles** erhebt sich über dem Tal des Ry und der Mirande das mittelalterliche **Château de Vêves**.

Zipfeltürme über dem Ardenner Wald

Es mag zwar ein wenig abgenutzt und klischeehaft klingen, wenn man sagt, dass Schloss Vêves wirkt, als tauche es vor dem Auge des Betrachters wie aus einer Ritterlegende auf. Doch dies vermittelt genau den Eindruck, den man erhält, wenn man es erblickt. Vor allem, wenn man sich vom Tal aus nähert, und staunend den Blick nach oben richten muss, um es auf seiner Anhöhe zu entdecken. Man sagt sogar, dass es an dieser Stelle Festungsanlagen ersetzt hat, die auf die Zeit der Herrschaft Pippins von Herstal zurückgehen, dem Urgroßvater Karls des Großen. Die fünf schlanken Türme mit ihren Schieferhauben, die wie matt schimmernde Zipfelmützen wirken, strecken sich in den Ardennenhimmel. Das Schloss ist ständig bewohnt und sehr gut erhalten. Bei einem Streifzug durch das Innere wirkt die Atmosphäre vergangener Epochen sehr lebendig. Im engen Innenhof zeigt sich die Wehrhaftigkeit dieser Burg noch sehr deutlich. Dass es sich mittlerweile um ein feudales Wohnschloss handelt, lassen die komfortablen Räume und die schöne Renaissance-Galerie erkennen. **Adresse:** Château de Vêves; Noisy 5 in B- 5561 Celles; Tel. 0032 82 66 63 95; www.chateau-de-veves.be.

Von hier schlängeln wir uns über die Straße ins Tal stetig bergab und wieder herauf nach Celles, einem der romantischsten Orte der Region.

Celles

Der Mittelpunkt des Dorfes ist die altehrwürdige **Stiftskirche St. Hadelin**, die im 11. Jahrhundert von den Anhängern St. Hadelins (617-690) im Maas-Stil erbaut wurde. Sie gilt als ein Meisterwerk der Romanik. Besonders schön sind die Krypten aus dem 7. und 11. Jahrhundert, der auf Stein gemalte Kreuzweg und das Chorgestühl aus dem 13. Jahrhundert. Spezialitäten von Celles sind das Bier von St. Hadelin, berühmt aus dieser Region neben dem Trappiste aus Rochefort, Makronengebäck und Ziegenkäse (le Petit Rasteau).

Wir haben bis jetzt einen Teil der Lesse begleitet, so weit das möglich war und begeben uns von Celles über die N 94 in Richtung Neufchâteau/Rochefort, um wieder in das Tal der Lesse zu gelangen.

Auf dem Weg entlang der N 94 wird die ganze Pracht der Landschaft einmal mehr sichtbar. Von den Höhenzügen erblickt man ein tolles Panorama über die Hügelkämme und Talmulden. In dieser puren Natur passieren wir so manches schmucke Dorf wie z.B. **Leignon** mit Schloss und mittelalterlichem Charme. Als nächsten Ort an der Lesse-Route erreicht man Rochefort (über die N 911 abbiegen).

Rochefort

Rochefort ist ein adrettes kleines Städtchen. In der Nähe, in St. Rémy, wurde der berühmte rote Marmor im 15. Jahrhundert abgebaut. 1865 wurden in Rochefort Grotten entdeckt, die zu den namhaftesten der Region zählen. Die geheimnisvolle Abtei **Saint-Remy de Rochefort** geht auf das Jahr 1230 zurück. Sie liegt außerhalb des Ortes und ist für keinen Besucher zugänglich. Hinter diesen klösterlichen Fassaden leben und arbeiten seit 1464 Zisterziensermönche. Die Abtei war zunächst bis 1794 bewohnt. Danach kamen erst wieder im Jahre 1887 Mönche hierher. Die Aktivitäten in der Braukunst in Rochefort wurden zum ersten Mal im Jahre 1595 erwähnt. Gerste und Hopfen wurden in Rochefort selbst angebaut. Heute kommt der Hopfen aus Bayern oder vom Balkan und das Malz aus Übersee. Rund 15.000 Hektoliter Trappiste werden jährlich in Rochefort gebraut. Es ist wie alle anderen „Trappiste" ein obergäriges Bier (d.h. es gärt bei höherer Temperatur bis 25° C und die Hefe steigt an die Oberfläche). Die Besonderheit des Trappiste de Rochefort ist das Quellwasser und die Hefe aus Rochefort, mit dem es gebraut wird. Es gibt keine Lagerhaltung in der Abtei. Das Spezielle an allen Trappiste-Bieren ist die Flaschengärung, die eine konstante Geschmacksentwicklung des Bieres garantiert.

Chevetogne – Schönheiten der Natur in sieben Themengärten

Die Provinzdomäne von Chevetogne ist ein Fest für die Familie. 550 Hektar bieten viel Abwechslung zwischen Blumengärten und Landschaftsweihern. Ein Gartenreich von seltener Größe und Vielfalt stellt die **Domaine von Chevetogne** dar. Gleich sieben verschiedene Themengärten können in der herrlich gelegenen Anlage erkundet werden. Für Familien ist dieser blühende Freizeitpark ein ideales Ausflugsziel mit zehn Spielplätzen. Mit großer Sorgfalt wurden Teiche angelegt, die vielen Tierarten ein Zuhause geben. Wer möchte, kann einiges über die Natur anhand von Lehrpfaden lernen oder sich einfach in einem der Restaurationsbetriebe ausruhen und das natürliche Ambiente auf sich wirken lassen. Die Domaine ist per Abstecher über die N 911 zu erreichen. Weitere Ausflugsziele von dieser Route aus sind das Schloss Vignée und **Villers-sur-Lesse**.

Wir folgen der N 94 weiter und besuchen wenige Kilometer später das **Schloss Lavaux - St. Anne,** einen der Anziehungspunkte in dieser Region.

Ein Tempel der Jagd auf dem Wasser

Ein beeindruckendes Bauwerk ist das Schloss von **Lavaux-Sainte-Anne**, wuchtig wirkend, mit seinen massigen Ecktürmen an den breiten Wassergräben. Durch das umliegende Sumpfgebiet plätschert der Bach Wimbe, ein kleiner Nebenfluss der Lesse, durch Wiesengründe und die wenigen Felder. Die Flachlandburg stellt sich heute als ein Tempel der Jagd dar. Der Bergfried ist das Herzstück des Schlosses. Er besteht aus vier Etagen mit dem Keller, der zur Aufbewahrung von Nahrungsmitteln und Getränken dient. Zunächst kommt der Saal der Wachen, wo die Soldaten für die Sicherheit der Herrschaften von Lavaux sorgten. Dann erreicht man den herrschaftlichen Saal mit seinen raffiniert ausgearbeiteten Gewölbeformen. Die Akustik ist hier derartig, dass selbst, wenn sich nur zwei oder drei Personen in diesem Raum unterhalten, ein Feind, der durch das innere Treppenhaus kommen würde, den Eindruck hätte, als wenn eine große Menge Menschen sich im Inneren befände. **Adresse:** Château de Lavaux-Sainte-Anne; Rue du Château 8 in B-5580 Lavaux-Sainte-Anne; Tel.: 0032 84 38 83 62; www.chateau-lavaux.com. **Übernachtungstipp**: Hotel und Restaurant Lemonnier am Schloss (1 Michelin-Stern); www.lemonnier.be.

Von Lavaux ist es nur ein kurzes Stück bis zur Attraktion schlechthin im Tal der Lesse. Die Grotten von **Han-sur-Lesse** sind die größten Tropfsteinhöhlen Westeuropas. **Wir biegen auf die N 86 ein und fahren nach Han.**

Mit der Bummelbahn zur Grotte

Sie ist nicht gerade bequem, aber von einer gewissen Romantik. Die hundert Jahre alte Bahn mit ihren Holzbänken und offenen Waggons ruckelt knapp vier Kilometer vom Empfangszentrum im Ort entlang der Lesse durch ein teils bewaldetes Tal. Sie bringt ihre Fahrgäste bis vor den Eingang der **größten Tropfsteinhöhle Westeuropas**. An diesem Berg mit seinem riesigen, abenteuerlichen Höhlenuntergrund wird der Lauf des Flusses zunächst unsichtbar. Die wunderbare Ardenner Luft, die man auf der Fahrt atmet und die Blicke auf die Lesse und ihre bezaubernde Umgebung sind nur ein Vorgeschmack auf das grandiose Naturerlebnis, das den Besucher in **Han-sur-Lesse** erwartet. Drei Sterne, die höchste Wertung in der touristischen Fibel, dem grünen „Guide Michelin", werden nur selten vergeben. Die Grotten von Han gehören nicht nur mit dieser Bewertung zu den führenden Reisezielen in Belgien. Führungen finden regelmäßig auch in deutscher Sprache statt.

Besser ist es, dies vorher zu erfragen. Im Inneren dieser gigantischen Grotte taucht man für zirka 1 ½ bis 1 ¾ Stunden in eine verwunschene Welt der bizarren, steinernen Kuriositäten ein. Wahrlich beeindruckend sind die Dimensionen der Höhlen. Jährlich staunen zirka 300.000 Besucher über die mystische Schönheit der unteririschen Säle. Der „Dom des Lichts", der Kuppelsaal, ist eine Höhle mit den Ausmaßen einer Kathedrale. (zirka 62 Meter hoch und 145 Meter in der Diagonalen). Im zweitgrößten Saal der Grotten, dem Waffensaal, 100 Meter unter der Erde, stößt man wieder auf die Lesse. In der Mitte des Raumes nehmen die Besucher Sitzplätze ein wie bei einer Aufführung. Ein steinernes Theater der Sinne.

© Grottes de Han-sur-Lesse

Das romantische Licht- und Tonschauspiel in diesem unterirdischen Höhlensaal vermittelt den Besuchern ein unvergessliches Erlebnis – einige Minuten, in denen man der Realität zu entrücken scheint. Nicht nur Fans von unterirdischen Entdeckungstouren kommen in Han auf ihre Kosten. Ein 250 Hektar großer Park auf den umliegenden Hügeln der Grotte spricht Natur- und Tierliebhaber gleichermaßen an. In dieser unberührten Landschaft haben die Tierarten der Ardennen ein Zuhause gefunden – ob Hirsche, Damwild, Wildschweine oder auch seltene Steinböcke, Luchse, Auerochsen und viele mehr. Am Eingang der Domäne stehen die sicheren, speziell ausgerüsteten „Safari-Cars“ für die Besucher bereit. Sie fahren in regelmäßigen, kurzen Abständen (je nach Saison) durch den Park. Besondere Aufmerksamkeit verdient der „Schlund von Belvaux“ am Tierpark. In dieser Schlucht zeigt die Lesse ein Stück ihres unterirdischen Laufes durch die Tiefen des Berges. Wer sich gerne etwas mehr Bewegung gönnt, kann auch zu Fuß zur Grotte gehen. Dabei passiert man den Freizeitpark von Han, vorbei an Spielplätzen und Mini-Bauernhof, an der „Ferme“ mit Restauration (Cafeteria und Restaurant) und Ausstellung. Sehr schön gelegen direkt an der Lesse ist das Ausflugslokal „Le Pavillon“ am Ausgang der Grotten. Die Anlage ist natürlich ein Paradies für Familien, denen auch verschiedene Kombinationsangebote für das ganze Areal zur Verfügung stehen. Neu ist das **„Speleogame“** mit 3-D-Animationen. Vom lebhaften Han aus mit seinen zahlreichen Cafés (sehr originell und charmant, das Café Hermann aus dem 19. Jahrhundert) und Restaurants gelangt man über die N 86 an einem der schönsten Lesseabschnitte auch nach **Rochefort**.

Wir kehren von Han aus zurück auf die N 94 und halten uns Richtung Wellin und kommen nach Daverdisse (N 40/N 857).
Ein weiteres reizendes Kleinod an der Lesse erwartet uns hier. Der Fluss verläuft parallel zur Straße auf nahezu gleicher Höhe. Nichts als Natur ringsum und ein Paradies für Wanderer und Erholungssuchende. Wir befinden uns hier schon in der **Provinz Belgisch Luxemburg.**

Hotel-Restaurant

Das Hotel **Moulin de Daverdisse** liegt direkt an der Lesse an einem der romantischsten Flecken des Tales. Das Komforthotel bietet selten gewordenen Charme in einer Harmonie aus Behaglichkeit, Tradition und gekonnter Küchenkunst. Hier lässt es sich vortrefflich entspannen. Das Haus bietet alle Annehmlichkeiten. Die Restauranträume sind äußerst geschmackvoll gestaltet und laden geradezu zum Verwöhnen ein. Der Blick von der Terrasse auf die Lesse in ihrem Tal ist inklusive. (www.daverdisse.com)

PROVINZ LUXEMBURG

Eine Oase der Wälder, des Wanderns und des Wildes

Route 1
Von Jägern, Bücherwürmern und Astronauten
Rund um Saint-Hubert

Route 2
Entlang der lieblichen Semois
Panoramen in idyllischer Natur

Route 3
Große Abenteuer in der „kleinsten Stadt der Welt"
Durch die Täler von Ourthe und Aisne

Die Provinz Luxemburg
Eine Oase der Wälder, des Wanderns und des Wildes

Kleine bezaubernde Städte wie **Durbuy, La Roche-en-Ardennes, Bouillon, Saint-Hubert, Vielsalm, Houffalize** und **Bastogne**, schönste Dörfer wie **Torgny** und **Chassepierre** oder mystische Orte wie die Abtei von **Orval**, wo man eines der unverfälschten Trappistenbiere braut, sind Protagonisten eines Naturstückes. Ob in charmanten Hotels oder Gästezimmern, in Restaurants und Tavernen, gastliche und gastronomische Tradition ist hier Trumpf. Beste regionale, kulinarische Erzeugnisse (z.B. mehr als zehn verschiedene Sorten handwerklich gebrauter Biere, Schinken, Würste und Pasteten, viele Schokoladen- und Käsesorten...) laden zum Gaumenschmaus. Als Ausflugsziel ungefähr zwei Stunden von Deutschland entfernt ist belgisch Luxemburg geradezu prädestiniert für einen entspannenden Aufenthalt im Herzen seiner geschützten Natur und der riesigen Wälder der Ardennen, die von einem komfortablen Netz gekennzeichneter Spazierwege durchquert wird. Wasserläufe schlängeln sich zwischen ausgedehnten Waldhügelketten und in Schluchten durch Naturbetten. Prachtvolle Kulissen in denen sich Abteien und Burgen verbergen, ein üppiger Geschenkkorb voller Natur und Glücksplätze in selten gewordenen Idyllen vereinen sich.

Die wahren Ardennen

Entlang von Ourthe und Semois, über felsige Höhen und durch bizarre Täler verlaufen viele Wander- aber auch Mountainbike-Wege, die unvergessliche Eindrücke hinterlassen wie etwa am Hügel **„Grabmal des Riesen“,** an einer Schleife der Semois bei Bouillon. Eine Besonderheit der Region Condroz im Norden sind die Grotten (z.B. die Grotten von Hotton) und die megalithische Vergangenheit **(Menhire von Wéris)**. Doch was wäre ein Ausflug in diese Region ohne die Ardenner Küche zu kosten? Von rustikal bis extra fein reicht das Repertoire, ob Schlosshotel, Klosterschänke oder Brasserie. Vor allem der Herbst setzt die kulinarische Krone auf, wenn Wildvariationen auf der Karte stehen. Delikat-deftiges Fleisch badet, oft in Begleitung heimischer Pilze, in sämigen Soßen, denen mancher Maître mit gekonntem Kniff durch Ardenner Speck, Butter und einem Schuss des berühmten Trappistenbieres von Orval den letzten Geschmacks-Kick zu verleihen versteht.

ROUTE 1

Von Daverdisse aus erreicht man über die N 40 und N 808 schnell die Region um Saint-Hubert.

Von Jägern, Bücherwürmern und Astronauten
Rund um Saint-Hubert
Saint-Hubert gehört zu den Zentren für Ardenner Wurst- und Schinkenspezialitäten. Unzertrennlich mit der Jagd und ihrem Schutzpatron Hubertus verbunden (er ist gleichzeitig Patron der Metzger), wird Saint-Hubert jedes Jahr am ersten Wochenende im September zum Mekka der Jäger. Mehr als 500 Personen in Kostümen nehmen an der historischen Zeremonie teil und huldigen der Legende und dem Leben des Heiligen Hubertus. Die Abteikirche **Saints Pierre-et-Paul** beeindruckt durch ihr imposantes Intérieur, vor allem die Apsis im gotischen Flammenstil, romanische Krypten (1064), Holzstatuen der vier Evangelisten und Chorgestühle (1733), den Heiligen St. Hubert und St. Benoît gewidmet. Sie ist wohl eines der schönsten und feinsten Gotteshäuser in den Ardennen. Im 16. Jahrhundert wurde sie nach einem Brand wieder aufgebaut. Die Barock-Fassade stammt aus dem 18. Jahrhundert.

Bücher statt Ostereier
In den Ardennen gibt es ein Dorf, in dem sich alles um Bücher, genauer gesagt Antiquariate dreht. Vor allem an Ostern. Jedes Jahr kommen tausende Besucher nach **Redu**, um das inzwischen weltberühmte Bücherdorf bei Saint-Hubert zu sehen. Über zwanzig Buchhändler bieten eine große Vielfalt an Büchern an. Zum traditionellen Bücherfest am Osterwochenende feiert Redu sich und seine Buchläden mit Angeboten und Aktivitäten. Würde man sämtliche Regale der Antiquariate in Redu aneinanderreihen, man käme auf eine Länge von mehr als sechs Kilometer. Auch wenn die meisten Bücher auf Französisch sind, findet man jedoch auch deutsche oder englische Literatur (wie im „de Boekenwurm"). Nach langem Stöbern nach geistiger Nahrung kann man sich in einem der kleinen Cafés und Restaurants stärken oder einen Bummel durch die Kunsthandwerksboutiquen machen.
(www.redu-villagedulivre.be)
Von Redu aus sind es nur ein paar Minuten bis zu den Sternen. In Trasinne lohnt ein Besuch des Technikparks des Euro Space Center.

Raketen, Sterne, Teleskope und das Weltall

Liebhaber der Raumfahrt, der Astrologie, des Sternenhimmels und Technikfreaks können sich bei einem Besuch dieses besonderen Erlebniskomplexes auf eine multi-sensorische Darbietung freuen, die etwas ganz außergewöhnliches ist. Man hätte gar nicht gedacht mitten in den Ardenner Wäldern Teleskope, Space Shuttles und Astronautentrainings vorzufinden. Lehrreich und spielerisch zugleich sind die Animationsparcours, außen wie innen. Sterne beobachten, das Weltall erforschen, die Ariane 5 inspizieren, die internationale Raumstation ISS entdecken, wen fasziniert das nicht? Die ganze geheimnisvolle Welt des Kosmos kann beleuchtet werden, allein, in der Gruppe, bei Events und beim Astronaut oder Rocket Camp.
(www.eurospacecenter.be)

Hotel-Restaurant

Die „Auberge de Val d'Aisne" ist ein seltenes Kleinod in einem kleinen Ardenner Dorf unweit Durbuys, direkt an der Aisne gelegen. Romantik pur und die beschauliche Ruhe eines Weilers in der Natur. In dem restaurierten ehemaligen Bauernhaus begegnen den Gästen ein außergewöhnliches Flair und eine gute Küche. Hotelzimmer im Obergeschoss. Rue de l' Aisne 15; B-6997 Fanzel; Tel.: 0032 (0) 86 / 49 92 08; www.aubergeduvaldaisne.be

L'Auberge du Sabotier, ein Hôtel - Restaurant Gastronomique, gilt als eine der besten Adressen der Region nahc Saint-Hubert. Exzellente Küche.
21, Grand Rue - B-6870 Awenne (Saint-Hubert); Tel.: 0032 (0)84 / 366.504
Hotel: 0032 (0)84 / 36 65 23; www.aubergedusabotier.be

Wagon Léo ist ein außergewöhnliches Restaurant in einem ehemaligen Eisenbahn-Wagon. Eine Institution in **Bastogne** seit 1946. Alles fing mit einer einfachen Frittenbude an. Heute gehören eine Bistrot, ein Restaurant und ein Hotel zum „Wagon Léo". Rue du Vivier 4-8; B-6600 Bastogne; Tel.: 0032 (0)61 / 21 14 41. www.wagon-leo.com

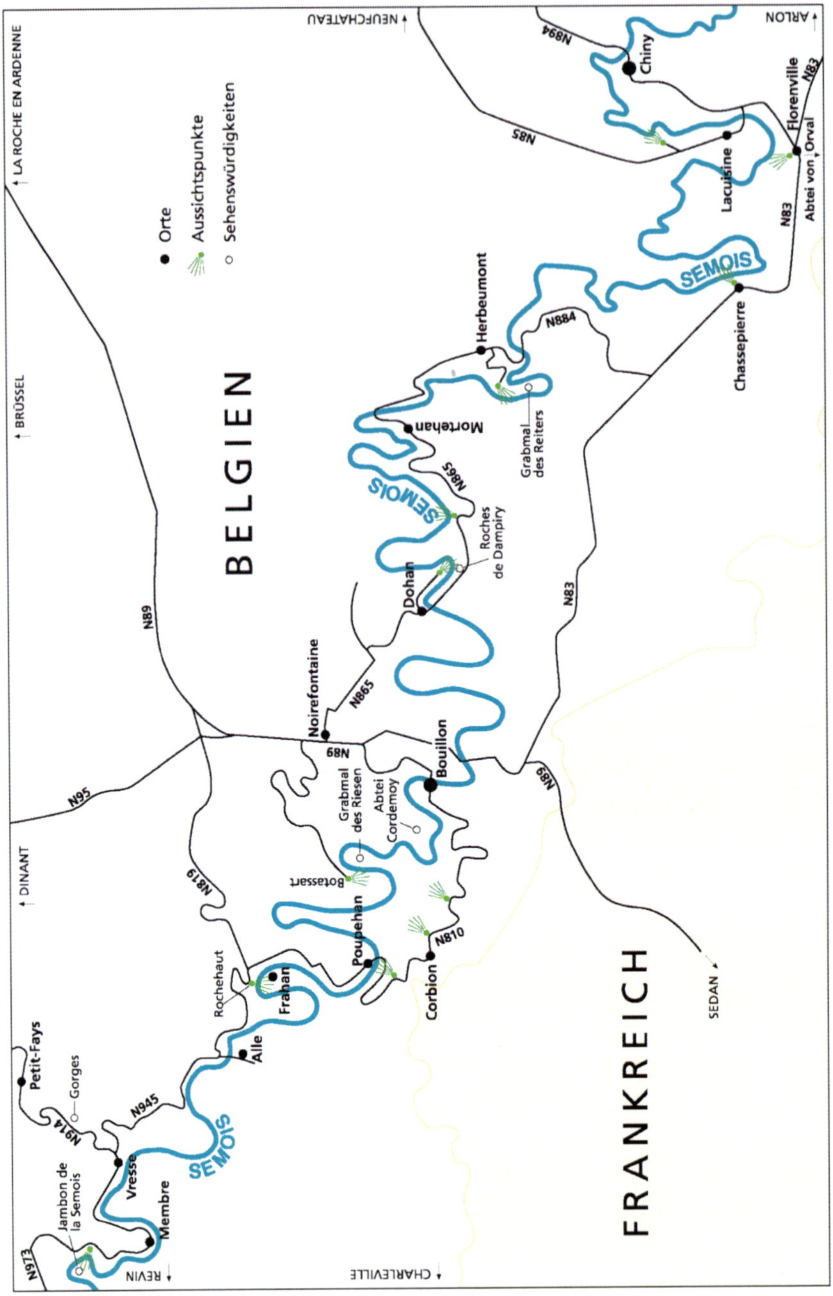
BELGIEN
FRANKREICH
Orte
Aussichtspunkte
Sehenswürdigkeiten
LA ROCHE EN ARDENNE
BRÜSSEL
DINANT
NEUFCHATEAU
ARLON
SEDAN
CHARLEVILLE
REVIN
SEMOIS
SEMOIS
SEMOIS
Chiny
Florenville
Abtei von Orval
Lacuisine
Chassepierre
Herbeumont
Grabmal des Reiters
Mortehan
Roches de Dampiry
Dohan
Noirefontaine
Bouillon
Grabmal des Riesen
Abtei Cordemoy
Botassart
Poupehan
Corbion
Frahan
Rochehaut
Alle
Petit-Fays
Gorges
Vresse
Membre
Jambon de la Semois
N83
N85
N894
N884
N865
N89
N95
N819
N810
N945
N914
N973

ROUTE 2

Entlang der lieblichen Semois – Panoramen in idyllischer Natur

Ein Teil des Semois-Tales liegt noch in der Provinz Namur, in den Namuroiser Ardennen und grenzt direkt an Frankreich. Bei Monthermé in den französischen Ardennen mündet die **Semoy** (frz. mit y) in die Maas. Von der Region der Lesse aus ist es nur ein Katzensprung bis dort. Bei Daverdisse nehmen wir die Route durch schöne Waldgürtel über Porcheresse (N 914), Graide und Monceau direkt nach **Vresse-sur-Semois**. Die Straße schlängelt sich ins Tal hinab und gibt faszinierende Panoramen über steil abfallende Felshänge frei. So vom Aussichtspunkt **„Vue panoramique du jambon de la Semois“** (er heißt so, weil der Semois-Lauf hier die Form eines Schinkens zeichnet) aus etwa 350 Metern Höhe. Der Ort Vresse hat einen Ruf als Künstlerkolonie. Dank der Stiftung Chaidron-Guisset werden im neu gestalteten Gemeindezentrum Ausstellungen und Retrospektiven der Künstler dieser Region gezeigt. Das Centre d'Interprétation d'Art de L'Ecole de Vresse verfügt über 200 Kunstwerke der „Vresse-Schule“. Die Hauptstraße säumen zahlreiche Cafés und Restaurants mit gemütlichen Veranden. Viele Wanderer erkunden von hier das Semois-Tal, unter anderem auch die nahe gelegene wilde **Petit-Fays-Schlucht**. Diese Route trägt den Namen „Route des Maquis“ (Straße des Buschwaldes). Ein Besuch des Dorfes **Laforêt** lohnt sich. Es trägt zu Recht den schmückenden Titel „eines der schönsten Dörfer der Wallonie“ zu sein. Die hübschen originalen Schiefersteinhäuschen entführen auf eine kleine Zeitreise in vergangene Jahrhunderte auf dem Land. Es folgt zunächst der Ort Alle, dann passieren wir die Grenze zur Provinz Belgisch Luxemburg. Stetig bergan gelangen wir nach **Rochehaut**. Der markanteste Punkt im Semois-Tal besticht durch die famose Aussicht auf **Frahan**, das tief unten in einem ausgedehnten, wiesenbedeckten Tal einer Flussschleife ruhende Dorf mit seinen Schiefer gedeckten Häuschen. Vom Aussichtspunkt aus führt ein eineinhalb Kilometer langer Spazierweg hinab ins Tal. In Rochehaut selbst entdecken wir eine urige Taverne, die **„Auberge de la Fermette“** (www.aubergedelaferme.com), wo ein üppiges Sortiment an Leckereien der Region serviert und verkauft wird. Hier machen wir Rast, bevor es dann nach Corbion weitergeht. Von dieser Höhenstraße aus bietet der Fluss seine wohl schönste Seite, von berauschender Natürlichkeit in einem dichten, stillen Tal.

© OPT - JP Remy

Vor allem im Spätsommer und Herbst wirken die bewaldeten, hügeligen Konturen des Tales in ihrer Farbenpracht wie unter bunter, dicker Wolle. **Poupehan** liegt ebenfalls an einer Semois-Schleife, von der Route aus lässt sich ein schöner Blick darauf erhaschen. (**Tipp:** Camping *** Ile de Faigneul, Rue de la Chérizelle 54; in B-6830 Poupehan am Ufer der Semois; Tel.: 0032 61 46 68 94). Gegenüber fasziniert das **"Grabmal des Riesen"** (Le Tombeau du Géant) bei Botassart, ein von der Semois fast ganz umschlungener, grüner Hügel, wo angeblich ein Riese begraben sein soll. Dann erreichen wir das legendäre **Bouillon** mit seiner grandiosen Festung.

Bouillon

Der berühmte Gottfried von Bouillon führte den ersten Kreuzzug (1096 - 1099). Die glorreiche Geschichte des Ortes manifestiert sich in der ältesten Festung Belgiens. Die imposante Burganlage beherrscht mit ihren überwältigenden Ausmaßen (340 m lang und 40 m breit) das Städtchen. Über gleich drei schmale Brücken hintereinander, ein strategisches Bauelement zur besseren Verteidigung gegen Eindringlinge, gelangen wir in den großen Innenhof, das Herzstück der Burg, über die „Vaubantreppe". Die Existenz des Châteaus geht auf das Jahr 988 zurück. Sehenswert sind der Saal der Leiden (salle des tortures) und der Saal Gottfried von Bouillon. Im unteren Teil der Burg befinden sich lange düstere Gänge, die einem nicht nur wegen der Enge und Feuchtigkeit das finstere Mittelalter näher bringen. In den Ferienmonaten werden stimmungsvolle Lichterfeste und Feuerwerke veranstaltet, welche die Burg in nächtlichen Glanz tauchen. Die Häuser mit den vielen Cafés sind wie Perlen an der Schnur am Semois-Ufer aufgereiht. Empfehlenswert ist das **„Hôtel La Férronnière"**, ein kleines, aber feines Familienhotel mit schmuckem Restaurant und Wellnesshotel **„Les Jardins de la Ferronnière"**. Es ist in einem englischen Herrenhaus aus dem 19. Jahrhundert mit toller Lage hoch oben über dem Tal untergebracht. **Adresse:** Voie Jocquée 44; Tel.: 00 32 61 23 07 50. (www.laferronniere.be). Aus einer vergangen Epoche ist das „Hotel de La Poste" erhalten geblieben. Der etwas angestaubte Charme dieses Luxushotels ist Geschmackssache. Uns gefällt er sehr und wir genießen einen Aperitif oder Kaffee im gediegenen Salon mit originaler Ausstattung aus dem 18. Jahrhundert.

Eine Seltenheit in unserer ultra modernen Zeit. In den Abendstunden bewundern wir die in sanftes Licht getauchte, geheimnisvoll wirkende Burg über der Semois, die wie eine Opernkulisse den Zauber des Ortes ausstrahlt. Hervorragende Wandermöglichkeiten sowie Biken und Fahrradtouren werden auch unter fachkundiger Führung angeboten. Die N 865 führt uns von Bouillon über **Herbeumont** mit seiner Burgruine aus dem 12. Jahrhundert nach Chiny. In Herbeumont umschließen die Windungen der Semois das **„Grabmal des Reiters"** (Le Tombeau du Chevalier), einer der unvergesslichen Ausblicke dieser Gegend. **Chassepierre**, das beschauliche Uferdorf mit vielen alten Häusern und Gehöften schmiegt sich sanft an die durch Wiesengründe mäandernde Semois. Kajakfahrer kommen an der Semois besonders auf ihre Kosten (www.semois-kayaks.be). Zwischen Bouillon und Florenville führen die N 865 und die N 884 immer wieder an den Fluss heran. Sein größter Teil jedoch verschwindet in waldreichen Tälern. Nur wenige Kilometer von hier liegt eins der Besuchermagnete Südbelgiens, die **Abtei von Orval** (via Florenville) im Land der Semois zwischen den Ardennen und dem Pays de Gaume, ganz im Süden der Wallonie. Hier erscheinen die Waldgürtel unendlich, die Natur als ein Quell der Ruhe und Erholung. Eine andere Möglichkeit ist über die Schnellstraßen bis vor die Tore von Bouillon zu fahren und dann der Semois entlang bis an die französische Grenze zu folgen.

Im goldenen Tal – Orval - eine legendäre Stätte voller Anmut

Ein erster Blick lässt einen innehalten wie vor einem Gemälde, auch ein zweiter und dritter Blick erfassen nur annähernd die Würde dieser faszinierenden Kulisse von Bauwerken. Im goldenen Tal in den südlichen Ardennen der belgischen Provinz Luxemburg steht seit Jahrhunderten ein Kloster – **die Abtei von Orval**. Blaugrau glitzern die vielen Dächer auf den typischen ockergelben Gemäuern der Abtei eingeschmiegt inmitten eines lang auslaufendes Tales, umgeben von der Pracht dunkelgrüner Wälder. Die Naturvielfalt in diesem Teil der großartigen Ardennen ist außergewöhnlich ebenso wie die Lage der monumentalen Abtei, die 1070 gegründet wurde. 1132 schloss sie sich dem Zisterzienserorden von Cîteaux an. Während der französischen Revolution wurde sie zerstört und 1926 wieder aufgebaut. Das besondere Erlebnis in Orval ist die Einheit von unter Denkmalschutz stehenden Ruinen der alten Abtei aus dem 12. bis 13. Jahrhundert, die den Besuchern zur Besichtigung offen stehen, und den direkt daneben errichteten modernen Bauten der neuen Klosteranlage. Auch heute noch beherbergt Orval eine Mönchsgemeinschaft, deren Messgesänge der andächtige Besucher in leisen Tönen innerhalb der Abteimauern wahrnehmen kann. Wer die

Abtei besichtigt, sollte neben den Ruinen, den Heilpflanzengarten und das Museum in den Kellergewölben der Stiftshäuser aus dem 18. Jahrhundert erkunden. In den eindrucksvollen Räumen unter der neuen Abteikirche ist die Geschichte Orvals mit Plänen, Grundrissen, Modellen und Dokumenten dargestellt. Zahlreiche archäologische Funde und Reliquien sind ebenso sehenswert wie die Produkte der alten Schmieden, die zum Teil in den Ruinen gefunden wurden. Im 11. Jahrhundert unterstand der Ort der Oberherrschaft der Gräfin Mathilde zu Kanossa (Italien). Sie verlor versehentlich ihren goldenen Ehering, das Andenken an ihren verstorbenen Gatten, in den Wassern der Quelle. Eine wundersame Forelle brachte ihr den Ring jedoch zurück an die Wasseroberfläche. Von da an wurde es das goldene Tal (Val d'or) genannt. Das Wappen von Orval ist die Forelle mit dem goldenen Ring, das an diese Legende erinnert. Das Quellwasser versorgt noch immer die Abtei und ihre Brauerei.

Berühmtes Bier
Zur Finanzierung der Abtei wurde in Orval 1931 eine Brauerei gegründet, die heute ihre Gewinne hauptsächlich für soziale Zwecke verwendet. In Orval direkt wird eines der berühmten Trappistenbiere gebraut. Nur die Biere, die in einer Zisterzienserabtei unter den wachsamen Augen der dort lebenden Mönche gebraut werden, dürfen die Bezeichnung „Trappiste" tragen. Orval-Trappiste hat 6,2 % Vol. Alkoholgehalt und entfaltet in seiner speziell entworfenen kegelförmigen Flasche sein ganzes Aroma. Beim Einschenken bleibt der gesunde, Vitamin-B-reiche Hefesatz in der Flasche und kann im Nachhinein getrunken werden. Brettanomyces-Hefen stammen aus Orval selber. Zum Bier gehört natürlich ein entsprechender handwerklich produzierter Käse. Orval-Käse und -Bier werden im Geschäft in der Abtei angeboten. Am Eingang des Tales vor der Abtei lädt die komplett renovierte Brasserie **„A l'Ange Gardien"** (www.alangegardien.be) zum Verweilen ein. Im Bistrot und im Restaurant werden u.a. regionale Gerichte, mit Bier und Käse von Orval verfeinert, serviert. Etwas wunderbar Originelles für den kleinen wie großen Appetit. **Adresse**: Abbaye d'Orval; B-6823 Villers-Devant-Orval; Tel.: 0032 61 31 10 60 ; www.orval.be.

ROUTE 3

Große Abenteuer in der „kleinsten Stadt der Welt" – Durch die Täler von Ourthe und Aisne

Die Ourthe mündet in Angleur, einem Vorort von Lüttich, in die Maas. Entlang der N 633 kann man ihrem Verlauf durch die Ardennen folgen. Über Tilff und Esneux erreicht man Comblain-au-Pont, wo die Amel (Amblève) in die Ourthe mündet. Ein guter Ausgangspunkt ist auch **Remouchamps**, um am Lauf der Amel entlang bis **Aywaille** und nach **Comblain au Pont** (N 633), zu gelangen. Remouchamps ist über die Autobahn Verviers leicht zu erreichen (siehe Route 1 Lüttich). In Comblain-au-Pont hat der Stein seit Urzeiten die Landschaft geformt. Das Natur-, Architektur- und Industrieerbe erinnert heute auf beeindruckende Weise daran. Im Land der Steine lassen sich viele interessante Entdeckungen machen: das **Fledermauszentrum**, die **Grotte des Abgrunds**, der Park de la Tour Saint Martin (Freilichtmuseum), der unterirdische Steinbruch „Petit Blanc", das Naturreservat von Roches Noires. (Beschilderung **„Découvertes Mystères"**). Hinter Comblain schlängelt sich die romantische Straße (N 654) an der Ourthe entlang durch eine aufregende Naturregion. Ihr Tal wird durch Felshänge und grüne Hügel auf der einen Seite begrenzt, auf der anderen Seite ist der Fluss stetiger Begleiter, seine sanft kräuselnden Windungen sind oft von Bäumen geschützt, die Ufer von dichten Gräsern und Sträuchern bewachsen. Über **Hamoir**, einem reizenden Ardennendorf (Geburtsort von Jean Delcour, dem berühmten Lütticher Bildhauer), setzen wir dann unsere Reise Richtung Durbuy fort. Sehr schöne Impressionen vermittelt das Ourthetal auch an diesem Abschnitt wie z.B. bei der Ruine von **Château Logne** und am Felsen des **Rochers de Glawans.** Wer genug Zeit hat, sollte in aller Ruhe auf die versteckten Sehenswürdigkeiten achten. Es lohnt sich.

Der Durbuy Adventure Park – aufregende Stunden in der Natur der Hoch-Ardennen

Die hautnahe und oft unerwartete Bekanntschaft mit Felsufern, Baumstämmen und Böschungen an der Ourthe macht eine Kajakfahrt für Ungeübte unfreiwillig zum kleinen Abenteuer. Wer gar auf den Kieselbänken strandet, kann froh sein, wenn ihn andere wieder anschieben, oder er muss knietief ins Wasser steigen. Alles ist halb so schlimm. Die außergewöhnlich schöne

Landschaft rund um Durbuy entschädigt sogar für die klitschnassen Hosen. Die wohltuende Ruhe auf der Ourthe beim sanften Dahingleiten wird hier und da höchstens mal durch vorbeifahrende Radfahrergruppen auf den Wegen am Fluss unterbrochen. Und selbst die nimmt man kaum wahr. Man ist mit sich, dem Wasser und der Natur allein, ein unverfälschtes Erlebnis.

Durbuy

Es ist gar nicht so leicht, das postfarbene Kajak in der Mitte des Flusses zu halten. Wenige Sekunden zu spät reagiert und man schliddert Richtung Ufer, rumst dagegen, dreht sich mal, aber dann geht es schon weiter. Mit ein paar Paddelbewegungen kein Problem. Man muss hier kein Profi sein, obwohl gleichmäßige, gekonnte Armbewegungen die Sache vereinfachen und beschleunigen, umso mehr, wenn man im Zweier-Kajak unterwegs ist. Immerhin beträgt die kürzere Tour von Durbuy-Petit Han bis nach Barvaux zehn Kilometer durch herrliche Naturflecken, entspannend, sportlich und mit einer gewissen Romantik verbunden, die an F. Coopers „Letzten Mohikaner“ erinnert. Die Tour dauert für Anfänger zirka zwei Stunden. Eine längere Variante von 20 Kilometern kann man in Grand Han starten. Bei der Abfahrt sollte man mit Ersatzklamotten gewappnet sein oder wasserdichte Kleidung tragen, denn am Ende der Reise steht man ziemlich durchnässt da. Das ist nicht zu unterschätzen. Die Rückfahrt zum Startpunkt dauert etwa fünfzehn bis zwanzig Minuten und wird durch einen Shuttle-Bus erledigt.

Raus ins Vergnügen

Der Outdoor-Veranstalter **Durbuy Adventure**, der größte in Belgien, vermietet diese Kajaks. Und einiges mehr. Besucher können sich im wahrsten Sinne des Wortes austoben. Die Palette an Herausforderungen an Mut und Geschicklichkeit ist enorm. Rafting, Biken, Quad-Fahren, Karting, Klettern an Steilwänden und durch Höhlen sind nur einige wenige Beispiele. Auf dem „Challenger“-Parcours balanciert man über Hängebrücken und versucht an Seilkonstruktionen in bis zu dreizehn Metern Höhe von Baum zu Baum zu gelangen. Insgesamt warten auf Erlebnishungrige auf dem Terrain mitten im Wald zirka vierzig verschiedene „Aufgaben“. Das macht in der Gruppe natürlich am meisten Spaß und ist daher bei Unternehmen als moderne Teambildung-Tour sehr beliebt. Auf insgesamt siebzehn Hektar Fläche hat Durbuy Adventure eine Menge an Freizeitspaß zu bieten. Im Repertoire sind natürlich auch sanfte Beschäftigungen wie Mini-Golf, Boule, Reiten, Wandern oder Bogenschießen. Große Tippis, die Indianerzelte, ziehen die Blicke auf sich, hier kann man auf originelle Weise übernachten, ebenso wie in den großzügig angelegten Holzchalets inmitten der Wälder mit erstaunlich viel Komfort, vom Wellness-Pool bis zur eigenen Bar. **Adresse:** S.A. Durbuy Adventure N.V.; www.durbuyadventure.be; Tel.: 0032 86 21 28 15; Rue de Rome, 1 - B-6940 Rome (Durbuy)

Wer sich von all diesen Anstrengungen erholen und zugleich mit den Köstlichkeiten der belgischen Küche stärken möchte, der kann Durbuy kulinarisch entdecken, eine lohnenswerte Alternative und Ergänzung zu Action und Freiluftaktivitäten in der Natur. Durbuy ist eine Hochburg der Gastronomie, kaum ein Gebäude steht dort, indem kein Hotel oder Restaurant untergebracht ist. Trotzdem geht es hier, abgesehen von den Wochenenden in der Hochsaison, eher gemächlich zu. Man frönt der genussreichen Lebensart und die Auswahl an Lukullischem ist groß und gut. Ein Schlemmerevent ist das bereits berühmte „Flusskrebsfestival", das von Mitte Juni bis Anfang Juli einmal mehr die Feinschmecker in die Ardennen lockt. In den Restaurants der Stadt werden in dieser Zeit vielfältige Kreationen mit den kleinen, aber feinen und schmackhaften Schalentieren angeboten.

Kulinarisches krönt den Aufenthalt

Auf den zahlreichen Terrassen von Durbuy lässt sich vortrefflich genießen. Der Gaumen wird mit regionalen Spezialitäten und die Blicke mit mittelalterlichem Flair verwöhnt **(Tipp: Brasserie La Calèche,** Place aux Foires, großes Haus mit Terrasse und guter Küche; www.lacaleche.be und das renovierte und modernisierte Top-Haus am Platz, gerühmt für seine Wildküche: **„Le Sanglier des Ardennes"**; www.sanglier-des-ardennes.be). Wer durch die engen, winzigen Gässchen schlendert, stößt nicht nur auf so manches schnuckelige Restaurant, sondern kann zudem in originellen Läden nach Kunsthandwerk, Dekorationsobjekten oder regionalen Produkten stöbern. Bereits 1331 erhielt Durbuy dank König Johann von Böhmen den Status einer Stadt, obwohl der Ort eher ein kleines Dorf ist. Der schmückende Titel „Kleinste Stadt der Welt" ist seitdem mit dem Namen Durbuy verbunden. Mächtig erhebt sich das alte Schloss am Ortseingang nahe der Ourthebrücke. Im Schatten der dicken Mauern liegt die Altstadt in seinem Schutz geborgen. Wie wunderbar sich dieser Ort in die Landschaft schmiegt, erkennt man am besten nach einem kleinen Spaziergang hinauf zum Aussichtsturm. Man kann auch mit dem PKW hinauffahren, im Juli und August pendelt hier ein kleiner „touristischer Zug". Auf der anderen Seite der Ourthe erblickt man den **„Parc de Topiaire"** mit skulptierten Pflanzen. Er zählt zu den Naturattraktionen Durbuys. Auf 10 000 Quadratmetern sind über 250 Figuren aus geschorenen Buchsbäumen zu bestaunen. Einige Pflanzen sind weit über 120 Jahre alt. Über Barvaux gelangt man zu einem geheimnisvollen Zeugnis der Überreste reicher, galloromanischer Geschichte, den Hünengräbern und Menhiren von **Wéris** mit Fabelnamen wie "Pas de Bayard" oder "Lit du Diable". Inmitten der abwechslungsreichen Landschaft von Ebenen und Wäldern schimmern die Schieferdächer der prächtig restaurierten Fachwerk - und Kalksteinhäuser von Wéris wie bläuliche Flecken im Laubwerk. Durch und durch ländlich geprägt ist der Ort mit seiner romanischen Kirche und dem Schloss aus dem 17. Jahrhundert, eine verborgene Idylle, deren entzückender Charme ihn mit zu den „schönsten Dörfern der Wallonie“ gekürt hat.

Musée des Mégalithes in Wéris

Für Entdecker – Das Aisne-Tal

Kurz vor Barvaux, in **Bomal** an der N 86 ist ein Schlenker durch das Aisne-Tal ein Muss für Romantiker und entdeckungslustige Naturliebhaber. Ein außergewöhnlicher Flecken, den man erst einmal kennen muss. Denn hier ist nichts als Natur und die Urwüchsigkeit eines kleinen bewaldeten Flusstales mit vielen Impressionen typischer Ardenner Landschaftsschönheit zugegen. Gleich zu Beginn dieser Route haben Feinschmecker die Gelegenheit eine der besten Ziegenkäsereien Belgiens zu besuchen, die „Chèvrerie d'Ozo“ in Izier. (Beschilderung beachten)

Kulinarischer-Tipp

Chèvrerie d'Ozo

Purer natürlicher Geschmack, feinste Veredelung und unglaubliche Frische und Feinheit zeichnen die Ziegenkäsesorten der Chèvrerie d'Ozo aus. Mit einer Handvoll Ziegen begann alles vor zirka 30 Jahren. Heute sind es an die 200 Tiere, die ihre Milch für eine Delikatesse liefern, die in die besten Restaurants Brüssels Einzug gefunden hat. Wer sich ins schöne Ourthetal begibt, kann sich bei Barvaux mit einem Abstecher ins Tal der Aisne auf dem Bauernhof der Familie Feldmann davon überzeugen. Die Ziegen werden ausschließlich pflanzlich ernährt, mit viel Getreide und Kräutern aus eigenen Wiesengründen. Der nur aus Rohmilch hergestellte Käse wird hier noch handgeschöpft, eine handwerkliche Tradition, die dem „Chèvre“ eine noch feinere Textur verleiht. Im kleinen Hofladen kann der Besucher die Köstlichkeiten erwerben. Spezialität ist der „Petit Frais“, natur oder mit Kräutern aromatisiert. Würziger schmecken die „Crottins“, in ihrer typischen runden Form, entweder natur oder auch in der Aschehaut (cendré) oder als „Ozolive“ in extra nativem Olivenöl eingelegt. Chèvrerie d'Ozo, Ozo 25 A, B - 6941 Izier; Tel.: 0032 86 40 02 66; www.chevreriedozo.be

---

Unser Ziel ist die **Auberge de Val d'Aisne in Fanzel**. Bis dahin geleitet uns die Aisne, ein Nebenfluss der Ourthe, auf unserer Route in ihrem natürlichen Bachbett. Kleine bummelige Dörfer, welche die Zeit vergessen zu haben scheint, verblüffen uns immer wieder durch ihre Natürlichkeit und ländlichen Charakter. Schroffe Felsen ragen aus dem Grün der Hänge und Böschungen hervor, kleine Brücken über die Aisne führen in rührige Dorfgassen mit blumenverzierten Fassaden. In der wald- und wiesenreichen Umgebung geben Schlossbauernhöfe Zeugnisse einer bedeutenden Geschichte ab. Die Landschaften entzücken mit vielfältigen Panoramen, alte Mühlen und Kapellen prägen das Bild. Die schönsten Dörfer sind **Fanzel**, **Soy** und **Erpigny** sowie **Erezée**, der Hauptort des Aisne-Tales. In Erezée ruckelt eine alte Ardenner Tram durch die Natur der Region. Sie scheint aus einem Museum

zu stammen. Von Ostersonntag bis Mitte Oktober an Sonn- und Feiertagen sowie in der Hochsaison von Mitte Juli bis Ende August auch dienstags, donnerstags und samstags hat man die Möglichkeit auf diese originelle Weise eine wunderbare Landschaft zu entdecken. Die Bahn verkehrte hier bereits um 1885. Abfahrt ist bei der Brücke in Erezée. (www.tta.be)
Nach diesem Abstecher ins einsame Aisne-Tal, der sich wirklich lohnt, verfolgen wir die Route der Ourthe weiter. **In Bomal geht es über die N86 nach Barvaux, dann über die N 833 weiter nach Hotton an der Ourthe.**

Hotton
Das charmante Städtchen versprüht viel typisches Flair. Die **Grotten von Hotton** gehören zu den Naturwundern der Ardennen. Hotton ist seit Jahrhunderten durch die ideale Verbindung von Wasser und Stein geprägt. Man erkennt dies wieder in den Kirchen, Höfen und ehemaligen Herrschaftshäusern und vor allem in der unterirdischen Welt der Höhlen. Lediglich die Grotte „Tausend und eine Nacht" ist öffentlich zugänglich. Sie fasziniert durch ihr natürliches Farbenspiel und die bizarren Gesteinsformen. (www.si-hotton.be – www.grottesdehotton.com).
Von Hotton kann man ins benachbarte **Marche-en-Famenne**, einem lebhaften kleinen Städtchen, fahren. Man verlässt die Landschaft des **Condroz** und gelangt ins **Famenne**. Wiesen, Weiden, Wälder und Sümpfe auf Sand- und Kalkschichten sind hier vorherrschend. Die Senkung der Landschaft ist auf den Kalksteinuntergrund zurückzuführen. Das Ourthetal verdankt seine Ausweitung diesem spröden Gestein. Bei eher dürftigem Ackerbau auf lehmigem und feuchtem Areal ist vor allem die Viehzucht bedeutend. Die berühmte Rasse der „Blanc-Bleu-Belge"-Rinder (wegen ihrer Fellfarbe – weiß mit bläulicher gescheckter Fleckung – so genannt) ist hier zuhause. Sie zählt zu den besten Rinderrassen Europas. Das Fleisch dieser prächtigen Tiere gilt als besonders schmackhaft. Es ist im gut sortierten belgischen Handel erhältlich z.B. bei Delhaize und natürlich in den Metzgereien.

Über die romantische Landstraße N 833 von Hotton aus, die immer dem Lauf der Ourthe folgt, schlängeln wir uns hinab nach La-Roche-en-Ardenne, das sich wie kaum ein anderer Ort in den Ardennen in sein malerisches Tal schmiegt.

La Roche-en-Ardenne – Wiege der Ardenner Spezialitäten

La Roche zieht das ganze Jahr über viele Touristen an, die durch die enge Hauptstraße mit vielen Geschäften, Cafés und Restaurants bummeln oder die Ruine des Feudalschlosses aus dem 9. Jahrhundert auf dem Deister-Felsen hoch über dem Ortskern erklimmen. Die Burg bietet einen herrlichen Ausblick über den Ort und sein Tal. Kajakfahrten auf der Ourthe erfreuen sich großer Beliebtheit. La Roche und Umgebung ist für Familien ideal, an Freizeitspaß mangelt es hier nicht. Spaziergänge in gesunder Ardenner Luft machen hungrig.

In der Edelmetzgerei **„Bouillon & Fils“**, Place du Marché 7-9, nimmt man in der hauseigenen Ardenner Stube Platz und stärkt sich mit üppigen Ardenner Spezialitäten wie den Schinkenplatten. „Seit 1955 stellen wir Ardenner Schinken, Wurstwaren und Pasteten nach handwerklich-traditioneller Methode her“, betont der Chef des Hauses, Philippe Bouillon, der sich persönlich um die Qualität und Reife der Spezialitäten kümmert. „Unsere original Ardenner Schinken reifen bis zu vier Monate, je nach Größe“, betont Bouillon. „Auch beim Schinken gilt, je länger die Reifezeit ist, desto größer die Qualität“. Eine Alternative in der schönen Jahreszeit ist ein Picknick an der Ourthe (viele Rastplätze in der Nähe des Wassers laden dazu ein), mit frischem Baguette, Wurstwaren und Co., eingekauft in einem der vielen Läden, die auch sonntags geöffnet haben. Das Museum der Ardennenoffensive in der Rue Chämont 5 ist der Erinnerung an den 2. Weltkrieg in den Ardennen gewidmet. Geschichtsinteressierte finden hier eindrucksvolle Zeugnisse. Im Feriendorf **Floréal** bietet ein Aufenthalt Spaß und Erholung für die ganze Familie in der Abgeschiedenheit des 4 ha großen Parks, der bis zur Ourthe reicht. Majestätisch ist die Fassade des ehemaligen Hôtel des Bains, in dem jetzt 76 Zimmer und 39 Appartements untergebracht sind. Breites Sport- und Freizeitangebot für Groß und Klein, nur 800 m vom Zentrum La Roches entfernt. (www.florealclub.be)

In das wild-schöne Ourthetal

Von La Roche bis Houffalize verläuft die „Ourthe Supérieure“, der Teil des Flusses, der 30 Kilometer durch die urwüchsigste und wildeste Region des

Tales fließt. Hier gibt es insgesamt 12 Punkte, welche die Faszination der Panoramen in den Hügeln und Waldgürteln an der Ourthe prägen. Natur und nichts als Natur. Wir folgen ihrem Lauf von La Roche an der N 860 entlang (vom Zentrum aus an der Brücke der Beschilderung **Houffalize** folgen). Während zu Beginn die Ourthe noch ständiger Begleiter ist, verlieren wir sie dann aus den Augen. Die dicht bewachsenen Ufer und Hänge werden unwegsam und es bleiben die Ausblicke von den Panoramapunkten etwa am **Belvédère des 6 Ourthes** in Le Hérou. Vom großen Aussichtsturm erspäht man die Mäander im dichten Grün der Hügelrücken, die von schroffen Felshängen durchzogen sind. Gleich fünf dieser Windungen sind von der obersten Plattform in schwindelnder Höhe sichtbar. Wer zu Fuß an die Ourthe herangehen will, dem ist geraten vorsichtig zu sein, da die Hänge sehr steil sind. Etwas weiter am **Point de vue des Crestelles** eröffnet sich ein erstaunlicher Blick über den 200 m Meter tiefer rauschenden Fluss. Paragleiter und Drachenflieger lieben diese Orte.

Bei **Nisramont** vereinen sich die **Ourthe orientale** (entsprungen in der Nähe des Ortes Ourthe an der luxemburgischen Grenze) und die **Ourthe occidentale** (aus Ourt, südlich von St. Hubert) zur Ourthe Supérieure. Hier liegt auch die große Talsperre „Barrage de Nisramont". Insgesamt locken 420 km ausgewiesene Wanderwege aus einem Netz von 72 Routen in diese einmalige Natur. Angler und Kajakfahrer kommen an der Ourthe auch auf ihre Kosten. Die „Hautes Ardennes", ein schiefriges Mittelgebirge mit über 500 Höhenmetern, ist der zentrale Teil Belgisch Luxemburgs. Seine höchste Erhebung ist **Baraque de Fraiture** mit 652 m. Er besteht zur Hälfte aus riesigen Wäldern unterbrochen von hügeligen Wiesenlandschaften und weiten Lichtungen. Es ist ein Land der Quellen, der Bäche und Seen mit großen Wasserreserven. Die Hochardennen sind der wohl schönste Naturteil Belgiens. Zum Entdecken wie geschaffen, mit den herrlichsten Tälern, urigsten Orten und guten Hotel-und Gastronomiebetrieben. Ein Paradies für Sport- und Freizeitaktivitäten, ob in Wäldern, auf Flüssen, Seen, an Felshängen, am Himmel oder auf Greens. Alleine oder mit der Familie. In Houffalize angelangt endet unser Ausflug entlang der Ourthe. Der Ort ist beliebtes Ziel für Familien und Freizeitsportler. (Biken, Kajak, Rafting, Angeln, Wandern). Ein deutscher „Panther-Panzer" im Ort erinnert an die Schlacht in den Ardennen. In der Nähe von Houffalize liegt die Brauerei von Achouffe. Sie stammt aus dem 16. Jahrhundert. Das „Chouffe" ist ein Starkbier mit 8,5 % Vol. Alk.

Ebenso wie das beliebte „Mc Chouffe", eine Art Scotch Bier. Für kurze Zeit im Jahr ist das „N'Ice Chouffe" zu haben (mit Thymian und Curacao aromatisiert). Die geologischen Besonderheiten im Salmland bedingen ein reiches Vorkommen an Schiefer, Quartziten und dem berühmten Coticule, dem Schleifstein, aus dem der weltweit bedeutende Rasierstein entsteht. Der Coticule wird heute nur noch von der Firma Ardennes Coticule in Lierneux abgebaut und verarbeitet. In der Region der Salm ist die Landschaft der Star, wo wieder schwarze Störche einheimisch wurden, die edlen Tannenbäume überall gegenwärtig sind, wo die berühmte Ourthe entspringt (bei Beho) und die Salm sanft dahin fließt, unspektakulär, natürlich und ursprünglich. Eine Region, die zum Wandern einlädt, deren spröde Schönheit die typischen Züge der Ardennen trägt. Viele kleine Dörfer, die noch von der Holzwirtschaft geprägt sind, liegen im Tal der Salm. Das Städtchen **Vielsalm** ist nett und liegt unweit Malmedys und St. Viths. Nicht zu vergessen die Myrtille, die Heidelbeere, der in Vielsalm ein Volksfest gewidmet ist, wie sollte es in Belgien auch anders sein. Jedes Jahr am 21. Juli wird groß gefeiert und Leckereien wie die Myrtillen-Tarte und der Myrtillen-Schnaps werden verköstigt.

Kulinarischer-Tipp

In Vielsalm ist der **„Contes de Salme"** unser uriger Geheimtipp. Am Ortsausgang gegenüber der Kirche in Vielsalm wirkt das schieferverkleidete Gebäude wie eine kleine Burg. Nischen mit Holzbänken und Tischen unter Gewölben, offener Kamin, Holz- und Schieferstein dominieren das Interieur. Wie in mittelalterlichen Gemäuern fühlt sich der Gast in heimeliger Atmosphäre. Es gibt regionale Küche und Biere, Kuchen und kleine Snacks. Für die Kinder ist eine Art „Spielhöhle" eingerichtet. Die Holzverkleidungen prägen das rustikale Ambiente. Während ein Aufenthalt auf der großzügigen Terrasse im Sommer schon mediterranen Touch aufweist. Das „Contes de Salme" ist Brasserie und Lodge zugleich. Der obere Bereich mit dem Innenhof ist ebenfalls im Holz der Region gehalten und bildet mit dem Schieferstein ein außergewöhnlich schönes Ensemble. www.contesdesalme.be

Die Provinz Wallonisch Brabant
Natur und Kultur im Herzen Europas erleben

Die gesamte Provinz südlich von Brüssel, gerade einmal gut 130 Kilometer von Aachen entfernt, lockt mit ihren vielen Parks und Wäldern, Landschaften und Gärten als Ziel für einen erholsamen Trip oder Kurzurlaub „ins Grüne". In der Tat gibt es auch hier **Ardennen**, die sogenannten **Brabanter Ardennen**, im Herzen der Region gelegen. Sie umfassen die Orte **Chaumont-Gistoux, Grez-Doiceau, Ottignies-Louvain-la-Neuve**, **Rixensart** und **Wavre.** Eine ruhige, ländliche Destination, die ideal für den « grünen » Tourismus ist, und reich an historischem und archäologischem Kulturerbe. Kirchen, Abteien und Museen wecken die Neugier der Interessierten, aber auch Freizeitvergnügen moderner Prägung. In Wavre gibt es den größten Freizeitpark Belgiens, den Walibi-Park. (www.walibi.com/belgium). Und wer kennt **Waterloo** nicht, wo 1815 Geschichte geschrieben wurde? Wallonisch Brabant ist aber weit mehr als der legendäre Löwenhügel unweit des ehemaligen Schlachtfeldes.

Obwohl touristisch nicht so ausgerichtet wie andere belgische Regionen, lohnt Brabant eine Reise mit einigen Besonderheiten wie das **Hergé Museum** in Louvain-La-Neuve, der wunderschöne Ausflugspark **Solvay** mit Schloss **La Hulpe** und der **Stiftung Folon** sowie **Nivelles** mit seiner Stiftskirche und die Klosteranlage von **Villers-la-Ville**. Die traditionelle Lebensfreude und Gastfreundschaft der Wallonen in Brabant bereichert einen Aufenthalt, die gastronomische Landschaft wie auch die charmanten Hotels und Pensionen sind vielseitig. Und dazu gesellen sich die kulinarischen Genüsse – denn das Lokalkolorit kann auch mit den unterschiedlichen Käsesorten, Bieren, Schokoladenkreationen und vor allen den Tartes-Rezepten überzeugen. Warm, weich und vor Butter triefend soll der berühmte **Käse-Mangoldkuchen** aus Nivelles (Tarte al djote) serviert werden, so empfehlen es die Einheimischen. Diese deftige Delikatesse hat es wahrlich in sich. Dazu trinkt man Rotwein oder - typisch belgisch - ein regionales Abteibier. Damit das Renommee und die Qualität bewahrt werden, zeichnet die Bruderschaft des Mangoldkuchens alljährlich die Bäcker mit „Sternen" aus. Die Geschichte dieser Torte ist mit der berühmten Abtei von Nivelles verbunden, deren erste Äbtissin die heilige Gertrud war.

Die Stiftskirche in Nivelles – Eine der schönsten in ganz Belgien

Die Stiftskirche Sainte Gertrude, deren Baugeschichte im 11. Jahrhundert beginnt, gilt als eines der wichtigsten Beispiele für die rheinische Romanik in Europa – in archäologische wie auch in architektonischer Hinsicht. Im Untergeschoss befinden sich die Fundamente von fünf Kirchen, die vom 7. bis zum 11. Jahrhundert an dieser Stelle errichtet wurden. Hier liegen, neben einem Ossarium, auch die Grabstätten der Namenspatronin, der heiligen Gertrud (626-659), von Himiltrud, der ersten Frau Karls des Großen, und von Ermentrude, der Enkelin von Hugo Capet, dem ersten Kapetingerkönig, der die französische Dynastie der Karolinger ablöste. Die romanische Krypta datiert aus dem 11. Jahrhundert. Aus dem 12. Jahrhundert stammt der einen achteckigen romanischen Glockenturm tragende mächtige Vorbau, in dem sich der herrliche Kaisersaal befindet. Er wird von zwei Türmchen flankiert; im südlichen, dem sogenannten Jean de Nivelles-Turm, ist der berühmte kupferne Stundenschläger untergebracht, ein Geschenk Karls des Kühnen an die Stadt Nivelles. Das Innere der Stiftskirche beeindruckt durch seine Größe, hier sind Werke des Bildhauers Laurent Delveaux zu sehen, Mobiliar aus der Renaissance sowie Teile des Reliquiars der heiligen Gertrud aus dem 13. Jahrhundert. Sie war Äbtissin der Abtei von Nivelles, erzog hier auch die künftige belgische Nationalheilige, die heilige Gudula von Brüssel, und wurde selbst wegen ihrer Pflege und Aufnahme von Wandermönchen zur Schutzheiligen der Landstraße.

! ***Tipp***

Übernachtungstipp: Ein komfortables Bed & Breakfast (4 Ähren) mit sehr geschmackvoll eingerichteten, großzügig gestalteten Zimmern und herrlichem Garten ist das **Mont Saint Roch** in Nivelles. **Adresse:** Le Mont Saint Roch, Chambres d'hôtes et salle de réunion, Pierre Staquet, 34 rue Mont Saint-Roch, B-1400 Nivelles. www.montsaintroch.be.

Von Nivelles aus erreichen wir ca. 20 km Kilometer weiter über die N 93 Richtung Sombreffe die Abtei Villers-La-Ville.

Villers-La-Ville – Im Banne der Geschichte der Zisterzienser

Romantik und Mystik in der berühmten Klosterruine

Man muss nicht nach Rom oder Athen, um eine bemerkenswerte archäologische Stätte zu besichtigen. In ihrem Nest im Tal der Thyle, einem Nebenfluss der Dyle, ruht die Abteiruine von Villers-la-Ville südlich von Brüssel. Man traut seinen Augen kaum, so etwas in dieser Abgeschiedenheit vorzufinden. Sie ist wohl eines der größten Zeugnisse des Lebens der Zisterziensermönche in Europa. Gleichzeitig bedeutet der Besuch dieses Ortes das spannende Erleben eines reichen Kulturerbes, geheimnisvolles Entdecken einer vergangenen Zeit, die trotz der bruchstückhaft erscheinenden Wirklichkeit dieser Ruine in ihrer ganzen Eindruckskraft erhalten bleibt. Der Kreuzgang mit ca. 40 m Seitenlänge, ein Steingarten, von der Umwelt durch die angrenzenden Räume getrennt, dem Himmel weit geöffnet, ist der Mittelpunkt der Abtei, die nach dem typischen Plan der Zisterzienserklöster erbaut wurde. Um ihn herum das Ensemble der Ruinen der Abteigebäude mit der herausragenden, monumentalen Kirche mit den Ausmaßen einer Kathedrale. Das Kloster ist, obwohl eine Ruine, im Wesentlichen in seiner Gesamtheit bewahrt geblieben. Der gesamte Komplex umfasst 50.000 m^2 mit erhaltenem Mauerwerk oberhalb des Bodens und 5.000 m^2 romanischer und gotischer Gewölbe unterhalb. Villers-la-Ville wurde 1146 von St. Bernhard gegründet.

Einzigartige Verbindung von Architekturstilen

Die mehr als 850 Jahre alte Ruine setzt sich aus erhaltenen Überresten der romanisch-ogivalen, gotischen und Renaissance - Stile zusammen und verkörpert damit eine einzigartige Verbindung aller architektonischen Stilrichtungen, die vom 12. bis 18. Jahrhundert in unserer Region ihre Blütezeit erlebten. Sich kreuzende durch Projektoren gesteuerte Fluglichter sorgen während der Sommerabende für ein atemberaubendes Schauspiel. Tagsüber sorgt die Sonne für ein natürliches Licht-Schatten-Szenario in den unzähligen Fenstern, Bögen, Höfen, Mauern und Säulengängen. Das Monument und die unvergleichliche geologische Bodenbeschaffenheit sowie die Vielfalt von Fauna und Flora machen Villers-la-Ville zu einer der größten Sehenswürdigkeiten in der Wallonie.

Sie ist für Kunst-und Geschichtsliebhaber, die hier Studienmaterial in Hülle und Fülle vorfinden, ebenso faszinierend wie für Naturliebhaber, die die außergewöhnliche Umgebung in ihren Bann zieht.

Villers-la-Ville

Viele Veranstaltungen im Laufe des Jahres sind für das unterschiedlichste Publikum geeignet: Thematische Ausstellungen in der alten Abteimühle, Konzerte, Schauspiele, Pilgerfahrten, abendliche Theateraufführungen, der traditionelle Ostermontag zur Eröffnung der Tourismussaison.

Die Beschilderung des Rundgangs ist auch in deutscher Sprache sehr detailliert dargestellt. Das ist in der Wallonie längst nicht selbstverständlich und spricht für die (touristische) Qualität dieser außergewöhnlichen Anlage. **Adresse:** Rue de l'Abbaye, 55; B-1495 Villers-la-Ville; www.villers.be.

Nördlich von Villers setzen wir unsere Reise fort über Ottignies nach Louvain-La-Neuve.

Ein eigenes Museum für die tollen Abenteuer von Tim und Struppi.

Dem legendären Comic - Zeichner Hergé wurde in Louvain-La-Neuve ein Denkmal gesetzt. Das Museum in Louvain-La-Neuve begeistert nicht nur Comic-Fans. Mit einer sehr eindrucksvoll gestalteten Führung mit Audio-Guides (ebenfalls in Deutsch) taucht der Besucher in die Abenteuerwelt von Tintin ein (bei uns: Tim und Struppi). Auf drei Etagen führt der Weg von oben nach unten durch Hergés Schaffen mit vielseitigen Effekten und tausendundeiner Bildsequenz, Aktionen und Animationen sowie Auszügen aus den Werken. Der Künstler hat alleine mehr als 200 verschiedene Figuren kreiert, die den Besucher alle aus ihren Geschichten anschauen. Das Gebäude an sich ist schon ein modern-stylisches Kunstwerk, das so gar nicht zu Comics zu passen scheint, aber zu den Visionen, die im Werk Hergés zu erkennen sind. Architektonisch, museographisch und szenographisch darf man sich auf einen Genuss freuen. 2011/2012 verfilmt Steven Spielberg Tim und Struppi – Das Geheimnis „der Einhorn“. (www.hergemuseum.com)

Über Rixensart, mit seinem bekannten Schloss, folgen wir der Route bis nach La Hulpe.

Der Park Solvay macht der grünen Provinz alle Ehre

Die Domaine um das Schloss von La Hulpe ist ein Ausflugsziel für die ganze Familie (siehe Titelbild)

Am Eingang des weitläufigen Parks von 220 Hektar Ausdehnung erahnt man zunächst nur, welches Naturdenkmal sich vor dem Besucher entfaltet. Die sauber und komfortabel angelegten Spazierwege führen leicht bergan durch Parks mit riesigen Bäumen, an Rasen- und Wiesenflächen vorbei, streifen romantische Biotope und Seen, laufen über bewaldete Hügel bis hinauf zum Schloss, dessen Märchensilhouette der Besucher beim Voranschreiten stets im Blick hat. Schloss La Hulpe thront auf der Kuppe der königlich anmutenden Parkanlage, dahinter erstreckt sich ein weiteres Areal mit Wiesen, Rasen, Pferdekoppeln bis hinunter zu einem kleinen See. Faszinierend erscheint immer wieder die symmetrische Fassade des Schlosses, mit den vier flankierenden efeubedeckten Türmen mit silbergrauen Zipfelhauben und der weiße Anstrich des Gebäudes mit den einheitlichen Fenstern, der ein wunderschönes weißgrünes Farbportrait vor dem Horizont der weiten Parkflora zeichnet. Die Domaine von Solvay wartet mit Rhododendron-Beeten, Azaleen und wilden Blumengärten auf, ihre verschiedenen Biotope ermöglichen eine reiche Fauna und Flora. Sie ist eine Oase für Familien mit Kindern, für Picknick, zum Energietanken und Ausspannen. Sie gehört zusammen mit dem Schloss der wallonischen Region. Das Schlossinnere ist nicht zugänglich, es ist aber für Großanlässe zu mieten. Das ehemalige Gehöft des Schlosses, die Ferme du Château, liegt etwas unterhalb des Parks am Rande der Domaine.

Welt der Poesie und der Träume

In ihr befindet sich die **Fondation Folon**, eines der originellsten Museen der Wallonie. Jean-Michel Folon hat hier sein künstlerisches Erbe in Form von mehr als 300 Aquarellen, Skulpturen, Gravuren, Objekten, Postern und Illustrationen in einem Museum in den Gebäuden des Bauernhofes (aus dem Jahr 1833) untergebracht. In der Region, in der er geboren wurde. Ein multimedialer Rundgang durch die einzelnen verbundenen Gebäude mit insgesamt 15 Ausstellungsräumen taucht den Besucher in Folons Welt der Poesie und der Träume ein, die man hinter den einfachen weiß getünchten

Mauern der Hofgebäude nicht vermutet. Geheimnisvoll, wie es Folon gewollt hat, der noch an der Kreation des Museums bis zu seinem Tod 2005 mitgewirkt hat. Ein Universum, wo Architektur, Töne, Lichtspiele, optische Effekte sich kunstvoll verbinden. Motive, die sofort ins Auge fallen, im Gedächtnis bleiben, zur Fantasie anregen wie etwa der Mann mit Hut auf der Leiter unter dem Sternenhimmel balancierend. Diese Figur ist ein immer wiederkehrendes Motiv in seinem Werk. Folon hat Werke großer Autoren illustriert von Kafka bis Albert Camus. (www.fondationfolon.be)

Von La Hulpe bietet sich ein Abstecher ins wenige Kilometer entfernte Genval an, einem echten Ferienparadies mit Stil am See.

Genval

Der See von Genval (18 ha) ist seit 1904 ein Begriff für Freizeitromantik, Naturschönheit, Lebensart und Kultur. In der heutigen Zeit begeistert Genval mit Freizeitangeboten, die keine Wünsche offen lassen. Seine Spitzengastronomie u.a. im am Seeufer gelegenen Schloss - Hotel **„Château du Lac“** veranlassen Feinschmecker auch zu außergewöhnlichen Umwegen. Im Wasser- und Springbrunnenmuseum wird die Geschichte des Wasservertriebs von seinen Ursprüngen bis in unsere Tage nachgezeichnet. Wanderwege und romantische Pfade zu schmucken Kapellen runden die Sehenswürdigkeiten dieses paradiesischen Fleckens ab.

Waterloo

Von Genval etwa 10 km entfernt steuern wir auf den legendären Löwenhügel zu. Von einem 40 m hohen Hügel aus überblickt man das Schlachtfeld vom 18. Juni 1815, das sich über die Gemeinden **Braine - l' Alleud, Genappe**, **Plancenoit und Waterloo** erstreckt. Der Löwe aus 28 Tonnen Gußeisen wurde in Seraing (Lüttich) hergestellt und per Dampfschiff und anschließend mit 20 Pferden auf einem Fuhrwerk hierher gebracht. Der Erdhügel mit 169 m Durchmesser, 40,5 m Höhe und einem Umkreis von 520 m wurde von den Holländern 1823 - 1826 errichtet, an der Stelle, wo vermutlich der Prinz von Oranien verwundet wurde. 226 Stufen führen hinauf zum Monument, zu dessen Füßen sich das ehemalige Schlachtfeld ausbreitet. Die Schlacht von 1815 wird in verschiedenen Orten detailgetreu aufgearbeitet. Dazu gehört vor allem das Hotel-Museum, in dem sich das 1912 eingeweihte „Panorama“ (eine 110 Meter lange und 12 Meter hohe Leinwand) und ein Wachsfigurenkabinett mit den Hauptbeteiligten der Schlacht befinden. Von den Künstlern des berühmten Grévin-Museums in Paris 1949 angefertigt, werden Persönlichkeiten der Geschichte wie Wellington und Blücher in prachtvollen Uniformen realistisch dargestellt ebenso wie Dokumente und Gegenstände, die bei Ausgrabungen gefunden wurden. In **Braine-l'Alleud** liegt das Gehöft von **Hougoumont**, wo Napoleon mit seinem Angriff die Schlacht eröffnete. Es ist eine beeindruckende Gedenkstätte ebenso wie La Haie-Sainte in Lasne, wo auch ein preußisches Denkmal steht, das von keinem Geringeren als Schinkel 1819 errichtet wurde. Ein weiteres Museum und viele Denkmäler liegen in **Genappe** und **Vieux-Genappe** im Hof **Caillou**, wo Napoleon und sein Generalstab die Nacht vom 17. auf den 18. Juni verbrachten und die Schlachtpläne aufstellten. In Waterloo selber befindet sich das **Wellington - Museum** in einem brabanter Gasthof, dem großen General gewidmet, der hier am Abend der Schlacht sein Siegeskommuniqué ausgearbeitet hat und Waterloo damit zu einem Meilenstein der Geschichte machte. (www.museewellington.be)

! *Tipp*

Hotel-Tipps:
Martin's Grand Hotel; Chaussée de Tervuren 198; B-1410 Waterloo; www.martins-hotels.com; Exklusives Hideaway mit Stil. Zur gleichen Gruppe gehören auch das kleine Landhotel Martin's Manoir in Genval; Avenue Hoover 8; B-1332 Genval und das majestätische Château du Lac am See von Genval.

Die Provinz Hennegau
Region der Wasserstraßen und Unesco-Weltkulturerbe

Im Westen Belgiens an der französischen Grenze liegt eine wenig bekannte Region, die aufgrund ihrer besonderen Reize ein echter Geheimtipp ist. Der Hennegau, mit zirka 1,3 Millionen Einwohnern die bevölkerungsreichste Provinz Walloniens, vereint üppige Landschaften mit Kanälen, Flüssen und Seen. Dazwischen Zeugnisse einer bedeutenden Industriegeschichte wie Le **Grand-Hornu** und technische Meisterwerke wie das berühmte, größte Schiffshebewerk der Welt in **Strépy-Thieu.** Landschaftlich ist diese grüne Region vom Wasser geprägt zwischen dem Maasnebenfluss Sambre im Osten und der Schelde im Westen. Sie wird durchzogen vom „Canal du Centre" und vom Kanal Charleroi – Brüssel mit der bedeutenden Schleuse an der „schiefen Ebene von **Ronquières.** Eine der interessantesten touristischen Attraktionen ist die romantische Bootsfahrt über den **„Canal du Centre"** und die Passage der vier geschichtsträchtigen Schiffshebewerke, die ebenfalls Weltkulturerbe sind. Im Süden liegt das Freizeitwasserparadies der Seenplatte **„Lacs de l'eau d'heure" (Landal Greenparks – www.landal.de)** Im Zentrum der Provinz steht neben **Tournai** die Stadt **Mons**.

Mons, ein Geheimtipp mit Weltkulturerbe und erlebenswertem Umland. 2015 Europas Kulturhauptstadt.

Im 7. Jahrhundert aus der Gründung eines Klosters durch die heilige Waltrudis (Sainte Waudru) am Fuße einer Festungsruine entstanden, verdankte sie ihren Wohlstand vor allem der Tuchindustrie und später dem Kohlebergbau. Heute ist sie Universitätsstadt und Sitz der Nato-Streitkräfte für Europa und sie wird zu Europas Kulturhauptstadt 2015. Jedes Jahr am Dreifaltigkeitssonntag nach Pfingsten feiert Mons das größte kulturelle Fest der Wallonie mit der berühmen Prozession des **„Car d'or"**, des goldenen Wagens, der den kostbaren Goldschmiede-Reliquienschrein der Sainte Waudru aus der Stiftskirche zu Ehren der Stadtheiligen trägt. Der anschließende Kampf, der „Lumecon", bei dem der heilige Georg zu Pferde symbolisch einen Drachen zur Strecke bringt, versammelt nahezu die ganze Stadt in einer riesigen, euphorischen Menschenmenge auf dem „Grand Place". Dieses Spektakel, im Volksmund **„Doudou"** genannt, ist Prozession, Kultur - und Volksfest in einem. Seiner Einzigartigkeit und großen Tradition verdankt es auch die Aufnahme in die Liste der „Meisterwerke des mündlichen und immateriellen Erbes der Menschheit".

Musterbeispiel der Gotik

Der Marktplatz in Mons ist Mittelpunkt des historischen Zentrums mit den gotischen Kirchen Sainte Elizabeth und Sainte Waudru. Das gotische Rathaus (1458) mit dem romantischen „Jardin du Mayeur" wurde von Mathieu Layens gestaltet, dem Architekten, der auch das berühmte Rathaus in Leuven nahe Brüssel schuf. Zum Weltkulturerbe gehört ebenfalls der barocke, elegante **Belfried** (87 m hoch) mit seiner bauchigen Turmspitze, die Victor Hugo zu der originellen Beschreibung als „massige Kaffeekanne, die unterhalb des Bauches von vier kleineren Teekannen flankiert ist", inspirierte. **Bild © OT Mons**. Das alles in den Schatten stellende Bauwerk in Mons ist die Stiftskirche Sainte Waudru, ein Musterbeispiel der Gotik in Belgien (erbaut zwischen 1450 1686).

Sie beeindruckt im Inneren mit Kunstwerken (u.a. Renaissance-Statuen) des Bildhauers und Architekten Jacques du Broeucq, der im 16. Jahrhundert in Mons gelebt und gewirkt hat. Sehenswert zudem der herrliche Kirchenschatz, allen voran der Reliquienschrein der Sainte Waudru. Eine Reihe bemerkenswerter Museen begründen den Ruf Mons' als eine führende Kunststadt des Landes.

„Google in Papierform"

Dazu zählen das **Museum der schönen Künste** (BAM), das Museum du Centenaire (Archäologie und Keramik) und das **Museum Francois Duesberg** mit Kunstgewerbeobjekten, darunter eine einmalige Sammlung von Pendeluhren mit wertvollen Verzierungen. Aber auch das bemerkenswerte

Mundaneum ist einen Besuch wert. Das Mundaneum ist ein Archiv- und Dokumentationszentrum der Französischsprachigen Gemeinschaft Belgiens. Es steht in der Nachfolge des 1895 von **Paul Otlet** und Henri La Fontaine gegründeten **Office International de Bibliographie** und beherbergt Dokumente aus allen Wissensgebieten und Epochen. Mit diesem Projekt verfolgten die beiden belgischen Juristen und Visionäre das Ziel, eine universelle Bibliothek des Weltwissens zu erstellen und nach der von ihnen entwickelten Universellen Dezimalklassifikation zu systematisieren. In einem ausgeklügelten Karteikartensystem waren über 15 Millionen Werke handschriftlich verzeichnet und geordnet, alles in einem unendlich erscheinenden Spalier hölzerner Karteikästen untergebracht, die noch heute zu bestaunen sind. Bereits 1934 veröffentlichte Otlet sein Hauptwerk „Traité de documentation". Darin entwarf er Multimediamaschinen, die Bücher, Telefon, Radio und Fernsehen verbinden und Texte, Filme und Tonaufnahmen auf einem Flachbildschirm wiedergeben konnten. Er sah Videokonferenzen, das papierlose Büro und interaktive Sitzungen voraus. Das „Le Monde Magazine" bezeichnete das Mundaneum als „Google in Papierform". **Adresse:** Mundaneum, rue de Nimy 76, B-7000 Mons, www.mundaneum.be, Tel.: 0032 (0) 065 31 53 43.

Tournai und seine Kathedrale

Weltkulturerbe und markantestes religiöses Bauwerk Belgiens

In der Römerzeit war Tournai schon ein bedeutendes Zentrum an der Schelde. Im Jahre 431 wurde sie die erste Hauptstadt des Frankenreiches unter gleich vier Königen Chlodio, Merowech, Childerich und Chlodwig. Tournai ist neben Tongern die älteste Stadt des Königreiches Belgien mit 2.000 Jahren eindrucksvoller Geschichte. Die historische Stadtkernkulisse an der schönen **Grand Place** ist geprägt von der alles überragenden fünftürmigen **Kathedrale Notre Dame** mit dem ältesten Belfried Belgiens (1200), nur einige Schritte nebenan. Beide Monumente stehen auf der Liste des Weltkulturerbes der Unesco. Von der Höhe des **Belfrieds** (Aufzug zur Terrasse und audiovisuelle Führung) aus hat man nicht nur einen wunderbaren Blick über den historischen Kern der Altstadt mit dem Ensemble seiner Gebäude, sondern zugleich eine einmalige Sicht auf die gesamte Architektur der romanischen Kathedrale, eines der perfektesten Monumente seiner Art. Sie stammt aus dem 12. und 13. Jahrhundert. Ihre Dimensionen sind außergewöhnlich. 134 Meter lang, 83 Meter hoch und 67 Meter breit. Das Prunkstück der Kirche ist der gewaltige Chor (alleine 58 Meter lang), von 1243 - 1254 errichtet, mit überwältigend schönen Fenstern. Das Querschiff, das einer Kathedrale in der Kathedrale gleichkommt, prägt die einzigartige Gebäudekonstruktion. Seit Jahren wird die „alte Dame" restauriert, stabilisiert, sodass für Besucher die Besichtigung stark eingeschränkt werden musste. Im Innern sind zahlreiche Kunstwerke zu bewundern. So das berühmte Rubensgemälde - „das Fegefeuer" (1635) - seitlich des wundervollen Lettners. Die Schatzkammer ist eine der wertvollsten des Landes. Ein Meisterwerk der Goldschmiedekunst und eines der „sieben Wunder Belgiens" ist der Reliquienschrein von Notre - Dame. Nicolas de Verdun, das letzte große Goldschmiedegenie des Mittelalters, erschuf ihn im Jahre 1205. Das schönste Museum der Stadt wurde vom belgischen Meisterarchitekten des Jugendstils, **Victor Horta**, entworfen.

© OPT - JP Remy

Im **„Musée des Beaux - Arts"** sind viele Werke großer Maler von Monet über Van Gogh bis Toulouse-Lautrec zu bewundern.

Le Grand Hornu – industrielles Kulturerbe und moderne Kunst

Le Grand Hornu, die ehemalige Bergbau-Hochburg, wurde zu einer sehenswerten Kulturstätte errichtet. Beispielhaft ist das mustergültige, architektonische Ensemble des Werks- und Betriebskomplexes im neo-klassischen Stil mit 450 Häusern der einstigen Arbeitersiedlung aus dem 19. Jahrhundert. Seit 2002 befindet sich in einem neuen Gebäude das Museum für moderne Kunst (MAC's), indem mehrmals jährlich Ausstellungen mit Werken berühmter zeitgenössischer Künstler organisiert werden.

Bois du Luc und Bois du Cazier

Im Jahre 1973 wurden die Arbeiten in der Zeche Bois du Lac eingestellt. Das hier entstandene Bergwerksmuseum ist ein lebendiges Zeugnis der Lebens- und Arbeitsumstände der Bergmänner im 19. und 20. Jahrhundert. In Bois du Luc fühlt man sich in die Zeit vor 200 Jahren zurückversetzt. Das authentisch erhalten gebliebene Areal mit Büros, Werkstätten, Gießerei, Handwerkerstraße, Arbeitersiedlung und Zechentürmen ist ein Ökomuseum. Eine Attraktion, die 300 Jahre Bergbaugeschichte verdeutlicht. Damit der Besucher sich in die Zeit der Grubenarbeiter versetzen kann, wurden ein Blechwalzwerk, Dampfmaschinen, elektrische Dynamos, Druckerpressen, Straßenbahnen, Fördermaschinen u.v.a. etabliert. Bei den Führungen werden das Zechengelände und die Gebäude, die besondere industriell geprägte Ästhetik besitzen und unter wild wuchernden Pflanzen und Gestrüpp für alle Zeiten begraben schienen, zu neuem Leben erweckt.

Prozessionen, Riesen, Drachenkämpfe - Weltkulturerbe Karneval

In **Binche** ist der berühmte Karneval Weltkulturerbe. Hier gibt es das einzigartige Museum des Karnevals und der Masken aus ganz Europa. Der Legende nach geht er auf das Jahr 1549 zurück, wo Maria von Ungarn ihren Bruder Karl V und seinen Sohn Philipp II von Spanien empfängt. Anlässlich dieses Besuches beschlossen die Hofdamen sich bei den Feierlichkeiten nach „Art der Inka" zu verkleiden – Inspiriert von den Entdeckungen des Franciso Pizzaro in Peru zu jener Zeit. Ein buntes Farbenspiel, mit Federhut ... und in dieser Nacht wurden die „Gilles" geboren. Heute wird der Karneval von Binche 49 Tage vor Ostern gefeiert über drei „fette" Tage von Sonntag bis Dienstag, dem Höhepunkt und Tag der Gilles, die in dieser Nacht den Frühling einläuten.

Die Riesen von Ath

Am vierten Augustsonntag findet in **Ath** die „Ducasse" statt. Am Vorabend bereits, und das seit 1715, wird die komische Hochzeit zweier Riesen gefeiert: Herr und Frau Goliath. Goliath wäre jedoch ein ganz gewöhnlicher Riese, wenn er nicht von einem kleinen in Weiß gekleideten Jungen, dem zarten Überbringer einer überaus eindringlichen Botschaft, zum Kampf Mann gegen Mann herausgefordert würde. Auf diese Zeremonie folgt am Sonntag ein historischer Umzug mit den besagten Riesen, dessen Tradition bis ins Jahr 1390 zurückreicht.

Thuin – Zwischen Belfried, Wassermühlen und Terrassengärten

Thuin ist ein malerisches Dorf der Gassen, Kopfsteinpflaster und Mühlen mit dem mittelalterlichen Oberdorf auf dem Felsen und dem typischen Quartier des Unterdorfes. Im Mittelpunkt des Ortes ragt der Belfried, ein Weltkulturerbe. Anhand einer audio-visuellen Führung werden die Besonderheiten dieses Glockenturms erläutert. Aus über 40 Metern Höhe hat man einen herrlichen Blick über die Täler der Sambre und Biesmelle. Zu den sehenswerten, komplett restaurierten Denkmälern zählen Le moulin du Bas-Marteau, Le moulin du Haut-Marteau, Le moulin de Biesme-sous-Thuin und Le moulin de Thuillies. Vom Oberdorf schweift der Blick über die von Bruchsteinmauern gefestigten Terrassengärten von Thuin. In der Nähe von Thuin sind die Ruinen der Abtei von Aulne ein sehenswertes Ausflugsziel. Sie liegt im herrlichen Grün entlang der Sambre und wurde der Legende zufolge bereits im 7. Jahrhundert gegründet.

Klosterbier und Käse aus dem charmanten Chimay

Chimay ist ein reizendes Städtchen, über 500 Jahre alt, mit fürstlicher Vergangenheit. Es liegt am Rande des ausgedehnten Waldgebietes von Rance im Süden des Hennegaus. Das **Schloss von Chimay** wurde auf einem Felsvorsprung erbaut und ragt ca. 20 Meter über das Tal des L' Eau Blanche hinaus. Zwei gewaltige Türme flankieren das Hauptgebäude. Sie waren früher Bestandteil der Befestigungsanlage zur Verteidigung der Stadt. Man erreicht es über die Grand Place oder über die mit Häusern aus dem 18. Jahrhundert gesäumte Rue du Château. Einst im Besitz der Familie Croy, gehörte es seit 1804 dem Hause Riquet de Caraman. Francois-Joseph de Caraman, Prinz von Chimay, heiratete Thérésia Cabarrus. Sie war eine schillernde Persönlichkeit und einflussreiche Kurtisane des spätrevolutionären Frankreichs (bekannt auch als „Notre-Dame-de-Thermidor“) und eine Schönheit ihrer Zeit, berühmt geworden unter dem Namen ihres ersten Mannes, dem Revolutionär Tallien. Die Caramans restaurierten das Schloss und errichteten ein kleines Theater. Dieses wurde 1863 durch das heutige Rokoko - Theater ersetzt. Geplant von Lefuel, dem Architekten Napoleons III, ist dieses Theater ein Kulturjuwel besonderer Art. Ein Brand zerstörte das Schloss 1935 teilweise. Davon verschont blieben jedoch das prächtige Theater und die wertvollen Sammlungen aus napoleonischer Ära sowie das Mobiliar. Pelgrim de Bigard baute das Schloss nach 1935 wieder auf.

Trappiste de Chimay

Chimay ist eines der letzten bierbrauenden Klöster in Belgien, das von den berühmten Trappisten-Mönchen, einem Zweig der Zisterzienser, bewohnt wird. Neben Chimay darf sich nur noch das Bier aus Orval, Rochefort, Westmalle, Achel und Westvleteren als Trappiste bezeichnen. Seit 800 Jahren widmen sich Zisterziensermönche der Kunst des Brauens. Aus der Abtei von **Scourmont** (seit 1862) kommen heute noch drei Basis-Sorten Chimay-Trappiste (gebraut wird aber neuerdings an separater Stelle): rouge, bleue, triple. Das "Capsule Rouge" (roter Stopfen) mit 7% Alkoholanteil ist die erste Kreation der Mönche von Chimay. Es ist kupferfarben mit leichtem Aprikosengeschmack. Das "Capsule Bleue Millésimée" (blauer Stopfen) besitzt den tief aromatischen, fruchtigen Charakter des Chimay-Trappiste. Kenner lassen das Starkbier deshalb 2 - 3 Jahre reifen, bei 14 - 16 C° an einem verdunkelten Ort, jedoch nicht im Kühlschrank. Sein Gusto wird runder und sanfter. Das samtweiche, kupferfarbene Braune hat 9 % Alkohol-Volumenanteil. Das "Première", ein Chimay rouge, seit 1862 in natürlichem Verfahren hergestellt, ist ein Trappiste, das reich an Wohltaten aus der Natur ist: Quellwasser, Hefe, gelbes Malz und grüner Hopfen. Es ist prickelnd, mit festem Schaum und leicht verdaulich, hervorgebracht durch die Gärung in der Korkenflasche. Das "Cinq Cents" ist ein Chimay triple, es wurde 1986 zur 500-Jahrfeier des Fürstentums Chimay erstmals gebraut, das feinherbe, 8%-tige Trappiste zeichnet sich durch hohe Hopfenqualität aus. Wie beim Champagner garantiert der Korken einen leichten, prickelnden Schaum. Das "Grande Réserve" besitzt eine besondere Charakteristik von Aroma und Geschmack. Es ist in Korkenflaschen abgefüllt und hat einen Alkoholvolumenanteil von 9%.

Chimay - Käse

Zum Trappiste ist der passende Käse die delikate Ergänzung. In Chimay hüten die Mönche das Geheimnis, aus der Milch der Region exzellente Kä-

sesorten herzustellen. Die Landschaft mit Wäldern, Weideland, durchzogen von vielen Bächen, war schon immer bevorzugt für die Milchwirtschaft. Der Chimay "Grand Classique" ist ein zart schmelzender, halbweicher Käse mit gepresstem Teig und Naturrinde, der vier Wochen reift. Der Chimay "Grand Cru" zeichnet sich durch die Aromen und den Charakter des Chimay Terroirs mit regionaler Milch aus. Beim Chimay "A la Bière" harmonieren Bier und Käse in einem außergewöhnlichen Produkt. Die natürliche Rinde ist mit Chimay Trappiste Bier veredelt, er entfaltet ein Aroma nach Hopfen und den Geschmack von Aprikose und Pfirsich. Der "Vieux Chimay" ist ein Hartkäse mit gepresstem Laib und der Poteaupré ein Terroirkäse, dessen Charakter und köstlicher Geschmack so authentisch ist, wie die Milch der Kühe und die frischen und saftigen Weiden, auf denen sie grasen. Ein lange Tradition und viel Know-How kommen in diesem Produkt zur Geltung, das einen feinen, cremigen Haselnussgeschmack und delikates Aroma unter der gelb-elfenbeinfarbenen Rinde mit einem Touch Edelschimmel birgt.
(www.chimay.com)

Beloeil – "Versailles des Nordens"
Beloeil ist seit jeher verbunden mit der Geschichte des Fürstengeschlechtes von der **Ligne**, die seit 1394 auf **Schloss Beloeil** residieren. Den berühmten Gartenanlagen mit etwa 25 Hektar Fläche auf der Süd- und auf der Westseite des Schlosses verdankt Beloeil seinen Beinamen "Versailles des Nordens". Im klassischen französischen Stil des 18. Jahrhunderts entstand das Herzstück des heutigen Gartens im Stile des berühmten französischen Gartenbauarchitekten André Le Nôtre. Beeindruckend ist der See mit 453 Metern Länge und 130 Metern Breite mit der kunstvollen Figurengruppe des Neptunbrunnen. Heute umfassen die Hagebuchenhecken der Gärten eine Länge von zehn Kilometern. Als eine Art zweites Schloss bezeichnen die Prinzen von der Ligne mit Stolz ihre wunderschöne Orangerie aus dem Jahre 1830. Das Innere des Schlosses zeigt reiches Intérieur mit wertvollen, original erhaltenen Möbeln und Kunstgegenständen in den prächtig dekorierten Räumen und Galerien. Dazu zählen auch persönliche Gegenstände, teils Geschenke und Erinnerungen berühmter Zeitgenossen wie Peter der Große, Marie Antoinette oder Katharina die Große. Unglaublich schön ist die große Bibliothek mit ca. 20.000 Büchern in kunstvollen Einbänden, die dem schöngeistigen Prinzen Charles-Joseph de Ligne zu verdanken ist, einem Freund Voltaires und Friedrich II. von Preußen. (www.beloeil.be)

Ausflug in die französischen Ardennen

Kaum spürbar führt der Weg über die Grenze von Namur über Dinant in Belgien bis in das Nachbarland Frankreich, begleitet von den Impressionen dieser abwechslungsreichen, einprägsamen Landschaft. Die französischen Ardennen werden durch zwei Flusstäler geprägt, dem der Maas und der Semoy, die beide auch durch Belgien fließen. Eine Landschaft der Legenden und Dichter, wo sich die vier Brüder Haimon (Les Quatre Fils Aymon) ihrem Schicksal stellten, in der Rimbaud und Verlaine die Zeit mit unsterblichen Versen bereicherten. Kein Wunder, dass in dieser Landschaft die Spuren zweier der wortgewaltigsten frz. Dichter gegenwärtig sind, die hier ihre Wurzeln hatten und neue Nahrung für ihre Inspiration fanden. Diese Region besitzt die meisten befestigten Höfe, Kirchen und Häuser in ganz Frankreich, Zeugnis einer ereignisreichen, bedrohlichen Vergangenheit.

Der Route Nationale N 51 vom belgischen Dinant aus folgend erreichen wir den ersten der reizvollen Orte auf der französischen Maasseite.

Wie auf einer Art Kap, das nach Belgien hineinragt, erstreckt sich **Givet** an der Maas. Der Ort ist ein wichtiger Flusshafen und Umladeplatz für den Schiffsverkehr zwischen Belgien und Frankreich. Dominant über der Stadt ragt das **Fort Charlemont**. „Klein Givet oder Givet-Notre-Dame“ wird der Teil genannt, der auf dem rechten Maasufer liegt, wo sich auch die Kirche Notre Dame befindet. Auf der N 51 Richtung **Vireux/ Molhain** geht etwa 3 km vor Vireux die Straße nach Hierges ab. **Hierges**, der einstige Feudalsitz der Fürstbischöfe von Lüttich, wurde erst 1774 französisch. Sein einmaliges Szenario ist eine Komposition aus den Schieferdächern der Häuser und den Elementen der Burgruine auf ihrem Felsvorsprung. Hier vereinen sich das Mittelalter und die Renaissance durch Bruchsteinwerk und Ziegelsteinverzierungen. Es gibt zwei Ortsteile von **Vireux**: Molhain auf dem linken Ufer und gegenüber Wallerand. Aus der ehemaligen Stiftskirche von Molhain entstand im 18. Jahrhundert die Kirche St. Martin um das einzig erhaltene Originalteil, der Krypta unter dem Chor. Wahrscheinlich geht ihre Entstehungsgeschichte auf das Jahr 752 unter Pippin dem Kleinen zurück. Das Innere der Kirche ist mit Statuen (14.-16. Jahrhundert), einer Grablegung (15. Jahrhundert) und Grabplatten reich dekoriert. **Haybes** wurde nach dem 1. Weltkrieg komplett rekonstruiert. Heute zählt es zu den markanten Dörfern entlang der Maas, eingebettet in einen weiteren Maasbogen, umgeben von einem grünen Waldgürtel. Dieses „kokette", liebliche Fleckchen lebte lange Zeit wie **Fumay** von den Schieferbrüchen. Sein Panorama ist einladend für Spaziergänge und Wanderungen z.B. zum Aussichtspunkt „La Platale" mit Picknickplätzen (2 km in Richtung Morhon). In Richtung Hargnies über die D 7 erreicht man den Parkplatz der „Auberge du Cousin". Von hier verläuft ein geschützter Wanderpfad zu den geologisch bemerkenswerten Felsen von Fépin **(Roches-à-Fépin)** mit einem enormen Ausblick aus über 200 Metern Höhe über der Maas. Fumay gehört zu den Städtchen, die der Maaslandschaft ihren unvergänglichen Charme verleihen. 1769 zu Frankreich gekommen, war der Ort Jahrhunderte durch den Schiefer geprägt. Die letzten beiden Schieferbrüche wurden 1971 stillgelegt. Heute erinnert das Schiefermuseum (**Musée de l' Ardoise**, Rue des Fusillés) an 800 Jahre Mühen und Schweiß der Menschen. Es befindet sich in den Gebäuden des ehemaligen Karmeliterklosters von 1630. Wir erkunden Gassen und Gässchen rund um die neogotische Kirche St. Georges (19. Jahrhundert), auf einem Hügel, von der Maas umarmt, die den Ortskern der Altstadt bestimmen. Immer wieder blinken Schieferdächer, schimmern in ihren zeitlosen Farbtönen von rot-violett bis blau-violett und sogar grün. Hier lässt es sich beschaulich flanieren, zur Kirche hinauf steigen, zu den Kapellen Sainte-Barbe und Divers-Monts (mit schöner Aussicht), einen Blick zurück zum romantischen Maasufer werfen, stille Winkel suchen, sich überraschen lassen von den Impressionen dieses malerischen Städtchens. Bei Revin beginnt die Maas in häufigen Windungen ihren Weg fortzusetzen. Sie taucht ein in eine tiefe Waldlandschaft mit reizvollen Aussichtspunkten, sagenumwoben, geprägt von Legenden einer bewegten Vergangenheit. Der Berg **Malgré Tout** auf über 400 m Höhe gibt an zwei unterschiedlich hohen Punkten die Aussicht über die Schleifen der Maas frei. Vis à vis der Felsen Dames de Meuse und das Misère-Tal. Auf der „Route des Hauts-Buttés" aus Revin heraus gelangt man zum Partisanendenkmal **Les Maquis de Manise** mit Blick auf Revin und zum Aussichtspunkt La Faligeotte.

Ab Revin fahren wir über die D1 Richtung Anchamps, Laifour, Monthermé, dem Flussverlauf folgend.

Die Felsen der „Dames de Meuse" und des Laifour

Die vier legendären Felsen, bedrohlich und düster, zeigen sich am besten

(Bilder vorige Seite oben: Maastal bei Revin; unten: Hotel in der Burg von Sedan) beim Blick von der Brücke aus. 393 Meter insgesamt sind die Dames de Meuses hoch und sie fallen 250 Meter steil zur Maas ab. Der Sage nach wurden hier um 1080 drei untreue Frauen, Hodierne, Berthe und Ige, deren Männer unter Gottfried von Bouillon auf Kreuzzug waren, von Gott zur Strafe in Stein verwandelt. Der **Laifour-Felsen** streckt seine kahle Steilwand 270 Meter in die Tiefe des Tales.

Monthermé und der Sieben - Stunden - Felsen

Auf beiden Seiten des Flusses erstreckt sich Monthermé, die Perle des französischen Maastales. Über eine Brücke gelangt man vom neuen Stadtteil in den alten Ortskern an der Flussbiegung. Von hoch oben müssen die vier Haimonsbrüder auf ihrem Wunder-Pferd Bayard von den Anblicken beflügelt worden sein. Bei Château Regnault erweckt noch heute ein vierzackiger Felskamm den Eindruck des Bildes von vier hintereinander auf einem Pferd sitzenden Reitern. (Hinweisschilder **Rocher Les Quatre Fils Aymon**, Aussichtspunkte u.a. auf der Straße von Charleville - Mézières nach Monthermé). **Roc de La Tour** ist eine der Maaslegenden. Durch den Wald geht es bergauf bis zum Plateau hoch über dem Tal. Vom Parkplatz aus führt uns ein Pfad zu den riesigen zerklüfteten Felsbrocken, die lawinenartig, bizarr übereinander getürmt den Hang bedecken. Steil ansteigend Richtung Hargnies erreichen wir den Sieben-Stunden-Felsen **(Roche à Sept Heures)** und den langen Felsen **(Longue Roche).** Oben neben dem Ausflugslokal kann man den Wagen stehen lassen und den Wegen zu den beiden nacheinander liegenden Felsen folgen. Die Aussichten (aus 375 m Höhe) über die Mäander der Maas bei Monthermé sind überwältigend.

Charleville-Mézières besitzt einen der schönsten Plätze Europas, die **Place Ducale**, der alleine eine Reise wert ist. (Siehe auch Reisebuch des Autors: „Märkte in Belgien“ und dem angrenzenden Frankreich, Grenzecho-Verlag. Erscheinungsdatum: 1.12.2012).

Sedan – Logieren in der Festung

Das Wahrzeichen Sedans ist die gigantische Festung, deren Ausmaße die Stadt zu erdrücken scheinen. Die Burg ist die größte Europas mit 35.000 m^2 Fläche. Über 300 Jahre herrschte hier das Militär, bis die Stadt 1962 die Burg erwarb und sie nach allen Regeln der touristischen Kunst den Besuchern öffnete. Audiovisuelle Führungen mit tragbaren Höranlagen auch in deutscher Sprache geleiten uns durch die steinerne Welt, über unterirdische Gänge, auf Brüstungen, durch Säle, Wachtürme und Museen. Die Burg erstreckt sich über 7 Etagen und konnte bis zu 4.000 Mann Schutz bieten. Der Komplex ist die Folge einer Serie von Bauten vom Mittelalter bis in die Renaissance. Heute besteht hier ein originelles 3-Sterne-Hotel inmitten der Festung integriert. Ein echter Tipp, schöne Lounge, angenehme, aber recht kleine Zimmer und ein Restaurant mit sehr guter Küche und tollem Ambiente eines Schloss-Saales. www.chateau-fort-sedan.federal-hotel.com.

Kleine Promenade an der französischen Maas nahe Fumay

Adressen:

Die wichtigsten Tourismusinstitutionen und -häuser:

Provinz Lüttich:
Maison du Tourisme Ourthe-Amblève; Rue de Louveigné 3;
4920 Remouchamps; Tel.: 0032 (0) 4 384 35 44 (Deutsch sprechend)
www.ourthe-ambleve.be
Haus des Tourismus, Place Albert Ier 29, Malmedy; Tel.: 0032 80 33 02 50; – **Verkehrsamt der Ostkantone;** Mühlenbachstrasse 2 –
4780 St.Vith; Tel.: 0032 (0) 80/22 76 64; www.eastbelgium.com
Maison du Tourisme Basse-Meuse; Rue des Béguines 7; 4600 Visé
Tel.: 0032 (0) 4 374 85 55; www.basse-meuse.be
Office du Tourisme du Pays des Sources; Place Royal, 41; 4900 Spa;
Tel: 0032 (0) 87 79 53 53; www.paysdessources.be
Maison du Tourisme du Pays de Herve; Place de la Gare 1; 4650 Herve;
Tel.: 0032 (0) 87 69 31 70; www.paysdeherve.be
Maison du Tourisme du Pays de Huy-Meuse-Condroz; Quai de Namur,
1 - 4500 Huy; Tel.: 0032 (0) 85 21 29 15; www.pays-de-huy.be
Maison du Tourisme du Pays de Vesdre; Rue Jules Cerexhe 86, 1 - 4800 Verviers; Tel.: 0032 (0) 87 30 79 26; www.paysdevesdre.be
Maison du Tourisme Thermes&Coteaux; Av, des Thermes, 78b - 4050 Chaudfontaine; Tel.: 0032 (0) 4 361 56 30; www.thermesetcoteaux.be
Maison du Tourisme des Vallées de la Burdinale et de la Mehaigne; Rue du Madot 101 a, 1 - 4520 Moha; Tel.: 0032 (0) 85 25 16 96;
www.tourismebm.be
Maison du Tourisme du Pays de Liège, Place des Guillemins, 2 - 4000 Lüttich, Tel.: 0032 (0) 4 252 90 95; www.liegetourisme.be

Provinz Namur :
Fédération du Tourisme de la Province de Namur
Avenue Reine Astrid, 22 boîte 2 – B-5000 Namur
Tel.: 0032 (0)81 77 67 57; www.paysdesvallees.be

Provinz Luxemburg
Fédération du Tourisme de la Province du Luxembourg Belge
Quai de l'Ourthe, 9; B-6980 La Roche-en-Ardenne; Tel.: 0032 (0)84 41 10 11; www.ftlb.be

Provinz Walloisch Brabant
Fédération Touristique de la Province du Brabant Wallon
Chausée de Bruxelles 218, B-1410 Waterloo. Tel.: 0032 (2) 35 11 20; www.brabantwallon.be

Provinz Hennegau
Fédération Touristique de la Province de Hainaut
Rue des Clercs 31; B-7000 Mons; Tel.: 0032 (0) 65 36 04 64
www.hainauttourisme.be

In Deutschland:
Belgien Tourismus Wallonie – Brüssel; Cäcilienstraße 46; 50667 Köln; Tel.: 0221 27759 – 0; www.belgien-tourismus.de

Telefonieren:
Nach Belgien lautet die Vorwahl: 00 32. Von Belgien nach Deutschland muss die 0049 + die Vorwahl ohne 0 gewählt werden.

Gesetzliche Feiertage:
Belgien: Neujahr, Ostermontag, 1. Mai, Christi Himmelfahrt, Pfingstmontag, 21. Juli (Nationalfeiertag), 15. August, 27. September, 1. November, 11. November (Waffenstillstand), 25. Dezember.

Notfälle und Bereitschaftsdienste:
(B) Polizei: 101 – Feuerwehr, Notarzt: 100 – Rotes Kreuz: 105

Register (Orte)

Kleines ABC des Genusses

Addition	–	Rechnung
Agneau, agnelle	–	Lamm
Ail	–	Knoblauch
Airelles (rouges)	–	Heidelbeeren (Preisel-)
Américain	–	mit Gehacktem
Amandes	–	Mandeln
Andouillette	–	Bratwurst
Artichauts	–	Artischocken
Asperges	–	Spargel
Assiette	–	Teller
Ballotine	–	Roulade
Bar	–	Seebarsch
Basilic	–	Basilikum
Beignets	–	Krapfen
Betteraves	–	Rote Beete
Beurre	–	Butter
Biche	–	Hirschkuh
Bifteck	–	Beefsteak
Bisque	–	Kraftsuppe
Blanc	–	weiß (-es Fleisch)
Bleu	–	englisch (beim Steak)
Boeuf	–	Rind
Boisson	–	Getränk
Boudin noir	–	Blutwurst
Boudin blanc	–	Blutwurst (weiß)
Bouilli	–	gekocht
Brioche	–	Teilchen
Broche (tte)	–	Spieß
Cabillaud	–	Kabeljau
Caille	–	Wachtel
Calmar	–	Tintenfisch
Canard	–	Ente
Canelle	–	Zimt
Câpres	–	Kapern

Carré	–	Rückenstück
Carte du Jour	–	Tageskarte
Cassis	–	schwarze Johannisbeere
Cèpes	–	Steinpilze
Cerises	–	Kirschen
Cervelle	–	Hirn
Chanterelles	–	Pfifferlinge
Chaud	–	warm
Chausson	–	Blätterteigtörtchen
Fromage de chèvre	–	Ziegenkäse
Cerf	–	Hirsch
Chantilly	–	Sahne
Chevreuil	–	Reh
Choix	–	Auswahl
Chou frisé, de Milan	–	Wirsing
Chou rouge	–	Rotkohl
Chou vert	–	Grünkohl
Chou de Bruxelles	–	Rosenkohl
Chou fleur	–	Blumenkohl
Choucroute	–	Sauerkraut
Chou raves	–	Kohlrabi
Commander	–	bestellen
Confit	–	Eingemachtes
Coq	–	Hahn
Coquillages	–	Muscheln
Coquille St. Jacques	–	Jakobsmuschel
Côte (de porc)	–	Kotelett v. Schwein
Côte à l' os	–	Lendenstück
Coup	–	Becher
Courgettes	–	Zucchini
Couteau	–	Messer
Crevettes	–	Krabben
Croquettes aux Crevettes	–	Teigröllchen mit Krabben mousse
Croque Monsieur	–	Schinken-Käse-Toast
Croque Madame	–	C. Monsieur mit Spiegelei
Cru	–	roh
Cuillère	–	Löffel

Cuit	–	gebraten, gekocht
Déjeuner	–	Mittagessen
Demi	–	halb
Dinde	–	Puter
Dîner	–	Abendessen
Dorade	–	Brasse
Eau minérale gazeuse	–	Sprudel
Echalotte	–	Schalotte
Endives	–	Chicorée
Entrées	–	Vorspeisen
Entrecôte	–	Rumpsteak (durchwachsen)
Epinard	–	Spinat
Escalope	–	Schnitzel
Escargots	–	Weinbergschnecken
Faisan	–	Fasan
Farci	–	gefüllt
Fenouil	–	Fenchel
Feu de bois	–	Holzkohlenfeuer
Feuilleté	–	im Blätterteig
Figues	–	Feigen
Fines herbes	–	Feine Kräuter
Foie	–	Leber
Foie gras	–	Gänseleber
Four	–	Ofen
Fourchette	–	Gabel
Fraises	–	Erdbeeren
Framboises	–	Himbeeren
Froid	–	kalt
Fromage	–	Käse
Fruits	–	Obst
Fumé	–	geräuchert
Fût (bière au fût)	–	Bier vom Fass
Garcon	–	Kellner
Garni (-ture)	–	mit Beilagen

Gâteau	–	Kuchen
Gaufres	–	Waffeln
Gibier	–	Wild
Gigot	–	Schenkel/Keule
Gingembre	–	Ingwer
Girolles	–	Pfifferlinge
Glace	–	Eis
Grenadine	–	Sirup
Grenouille	–	Frosch
Grillade	–	Gegrilltes
Grillé	–	Gegrillt
Groseilles à maqueraux	–	Stachelbeeren
Groseilles	–	Rote Johannisbeeren
Haricots verts	–	grüne Bohnen
Homard	–	Hummer
Hors-d'oeuvre	–	Vorspeise
Huile	–	Öl, Olivenöl
Huîtres	–	Austern
Jambon	–	Schinken
Jus	–	Saft
Lait	–	Milch
Laitue	–	grüner Kopfsalat
Lapin	–	Kaninchen
Lard	–	Speck
Légumes	–	Gemüse
Lentilles	–	Linsen
Lièvre	–	Hase
Lotte	–	Seeteufel
Loup	–	Wolfsbarsch
Maquereau	–	Makrele
Marcassin	–	Frischling
Medium	–	rosa gebraten/medium
Menthe	–	Minze
Morue	–	Stockfisch

Moules – Miesmuscheln
Moutarde – Senf
Mouton – Hammel
Mûres – Brombeeren

Navet – Rübe
Noir – schwarz
Noisettes – Haselnüsse
Noix de coco – Kokosnuss
Noix de muscade – Muskatnuss
Noix de veau – Kalbsnuss

Œuf – Ei
Œuf brouillé – Rührei
Oie – Gans
Oignon – Zwiebel
Omelette fines herbes – Kräuteromelette
Onglet – Besonders aromatisches Steak
Origan – wilder Majoran

Pain – Brot
Pâtes – Teigwaren
Pâtés – Pasteten
Pâtisserie – Gebäck
Patron – Wirt
Pêches – Pfirsiche
Perdreau – Junges Rebhuhn
Perdrix – Rebhuhn
Persil – Petersilie
Petit – Klein
Petit déjeuner – Frühstück
Petits Pois – grüne Erbsen
Pigeon – Taube
Pintade – Perlhuhn
Pistaches – Pistazien
Plat (du jour) – (Tages)-Gericht
Poché – gekocht
Poires – Birnen

Poisson	–	Fisch
Poireau	–	Lauch/Porree
Poivre	–	Pfeffer
Poivrons	–	Paprika
Pommes	–	Äpfel
Pommes de terre	–	Kartoffeln
Pommes vapeur	–	Salz-Kartoffeln
Porc	–	Schwein
Pot	–	Topf
Pot-au-feu	–	Eintopf
Potage	–	Suppe
Poulet	–	Hähnchen
Pressé	–	frisch gepresst
Prix	–	Preis
Pruneaux	–	Backpflaumen
Prunes	–	Pflaumen
Quart de vin	–	Viertel Wein
Quetsches	–	Zwetschgen
Queue	–	Schwanz
Raie	–	Rochen
Raisins	–	Weintrauben, Rosinen
Repas	–	Mahlzeit
Rhubarbe	–	Rhabarber
Ris de veau	–	Kalbsbries
Riz	–	Reis
Rognons	–	Nieren
Romarin	–	Rosmarin
Rôti	–	Braten, gebraten
Rouge	–	rot, Rotwein
Saignant	–	blutig (beim Steak)
Salade verte	–	grüner Salat
Sandre	–	Zander
Sanglier	–	Wildschwein
Sans	–	ohne
Saucisse	–	Wurst

Saumon	–	Lachs
Sauté	–	geschmort
Sec	–	trocken
Demi sec	–	halb trocken
Sel	–	Salz
Selle	–	Rücken
Sole meunière	–	Seezunge (gebraten)
Sucre	–	Zucker
Tartelette	–	Törtchen
Terrine	–	Schüssel, Pastete
Tête	–	Kopf
Thon	–	Thunfisch
Thym	–	Thymian
Tilleul	–	Lindenblüte
Toast cannibale	–	Gehacktes, roh
Truffes	–	Trüffel
Truite meunière	–	Forelle (gebraten)
Turbot	–	Steinbutt
Veau	–	Kalb
Verre	–	Glas
Viande	–	Fleisch
Vignerons	–	Weinbergschnecken
Vin	–	Wein
Volaille	–	Geflügel

Rolf Minderjahn

Das vorliegende Buch ist bereits das sechste Reisebuch von Rolf Minderjahn. Der 48-Jährige aus Stolberg bei Aachen hat seit dreizehn Jahren ein eigenes Text- und Pressebüro (www.textundpressebuero.com). Zahlreiche Reisen in über 20 Jahren, Recherchen und rund 400 Veröffentlichungen liegen dem neuen, aktualisierten Ardennen-Buch zugrunde. Rolf Minderjahn schreibt regelmäßig für verschiedene Tageszeitungen und Magazine mit dem journalistischen Schwerpunkt Reisen und Touristik, vorrangig über Belgien, Niederlande, Frankreich, Eifel-Ardennen. Er betreut belgische Tourismusverbände und Unternehmen im Bereich Text-PR, Übersetzungen und Media. Ein weiteres Reisebuch des Autors von 2009: **Liebenswertes Limburg, Glücksplätze in Belgien und den Niederlanden,** die Regionen um Maastricht, Tongern und Hasselt. ISBN 978 - 3 - 8391 - 4180 - 9.
Überall im Buchhandel. www.bod.de. **NEU: Stadtführer „Unterwegs in Lüttich" von Rolf Minderjahn; Grenzecho-Verlag Eupen. Erscheinungstermin: Anfang 2012.**